Karl Friedrich Schinkel
Führer zu seinen Bauten

T0340638

Autoren

Stefan Breitling
Adrian von Buttlar
Johannes Cramer
Gabi Dolff-Bonekämper
Elgin von Gaisberg
Hans Kollhoff
Ulrike Laible
Hans-Dieter Nägelke
Fritz Neumeyer
Dorothée Sack
Jan Schröder
Philipp Speiser
Dina Sperl
Kerstin Wittmann-Englert

Karl Friedrich Schinkel
Führer zu seinen Bauten

Band I: Berlin und Potsdam

Herausgegeben
für das Schinkel-Zentrum der Technischen Universität Berlin
von Johannes Cramer, Ulrike Laible und Hans-Dieter Nägelke

Deutscher Kunstverlag

Autorenkürzel

SB	Stefan Breitling
AvB	Adrian von Buttlar
GDB	Gabi Dolff-Bonekämper
JC	Johannes Cramer
EvG	Elgin von Gaisberg
UL	Ulrike Laible
HDN	Hans-Dieter Nägelke
FN	Fritz Neumeyer
DS	Dorothée Sack
JS	Jan Schröder
PS	Philipp Speiser
DSP	Dina Sperl
KWE	Kerstin Wittmann-Englert

Bibliografische Information der Deutschen Nationalbibliothek

Die Deutsche Nationalbibliothek verzeichnet diese Publikation
in der Deutschen Nationalbibliografie;
detaillierte bibliografische Daten sind im Internet über
http://dnb.d-nb.de abrufbar.

4. Auflage

Copyright © 2012 by Deutscher Kunstverlag München · Berlin

Alle Rechte, insbesondere das Recht der Vervielfältigung und
Verbreitung sowie der Übersetzung, vorbehalten.
Kein Teil des Werkes darf in irgendeiner Form durch Fotoko-
pie, Mikrofilm, CD-ROM usw. ohne schriftliche Genehmigung
des Verlages reproduziert oder unter Verwendung elektroni-
scher Systeme verarbeitet, vervielfältigt oder verbreitet werden.
Bezüglich Fotokopien verweisen wir nachdrücklich
auf §§ 53, 54 UrhG.

Gedruckt auf säurefreiem Papier, das die US-ANSI-NORM
über Haltbarkeit erfüllt.

Lektorat: Hans Georg Hiller von Gaertringen
Layout: M&S Hawemann
Druck und Verarbeitung: Standartu spaustuve, Litauen

www.deutscherkunstverlag.de
ISBN 978-3-422-06810-0 (Gesamtausgabe)
ISBN 978-3-422-06811-7 (Band I)

Inhaltsverzeichnis

Vorwort

Karl Friedrich Schinkel war und bleibt immer aktuell. Davon zeugen unzählige Tagungen und noch mehr Bücher und Artikel. Und doch wird es dem Bewunderer von Schinkels Werk nicht leicht gemacht, das weit über die Grenzen Deutschlands hinaus überlieferte Werk gezielt aufzusuchen und aufzufinden und in seiner Bedeutung für das Schaffen Schinkels zu verstehen. Viele seiner bedeutenden Werke sind durch Umbauten stark entstellt, im Krieg zerstört und auch danach noch abgerissen worden. Nicht immer benennt die Literatur hier die Tatsachen zutreffend. Diesem Mangel abzuhelfen, dient unser Buch. Es führt zu allen Bauten und architektonischen Denkmälern, die nach Plänen von Karl Friedrich Schinkel errichtet wurden und sich bis heute erhalten haben. Sie zeigen in ganz unterschiedlicher architektonischer Prägung die fortdauernde Modernität und Bedeutung von Schinkels vielfältigem Werk weit über den Klassizisten hinaus, als der Schinkel gewöhnlich wahrgenommen wird. Dieses Werk ist freilich oft verändert und verunklärt. Mit kritischem Blick soll der eigentliche und ursprüngliche Beitrag von Schinkel geschieden werden von späteren Überformungen und Entstellungen. Der Führer soll auch in die vielen zweifelhaften Zuschreibungen Licht bringen, die der Schinkelmythos hervorgebracht hat. Schinkel hat an zahlreichen Projekten mitgewirkt, ohne dass er diese tatsächlich wesentlich geprägt hätte. Diese Bauten wurden hier ganz bewusst ausgeschieden, um an den Kern des Werks zu gelangen. Mancher Verehrer von Schinkels Werk wird deswegen den einen oder anderen liebgewonnenen Bau erstaunt vermissen. Solche Entscheidungen sind in den jeweiligen Regionalbeschreibungen erläutert. Neben der umfassenden Diskussion des gebauten Werkes steht auch und vor allem die Frage im Vordergrund, was an dem heute Sichtbaren in der architektonischen Gestalt ebenso wie in der materiellen Substanz und im Detail tatsächlich (noch) das Werk Schinkels ist. Hat der pflegende und verändernde Umgang mit den Bauten des berühmten Architekten deren Charakter und ihre Botschaft unverändert überliefert? Während es in den ehemaligen Residenzstädten Berlin, Charlottenburg und Potsdam eindeutig ist, welche Bauten von Schinkel entworfen wurden, ist dies für die ehemaligen Provinzen teilweise Interpretationssache. Bei seinen Revisionen als Beamter hat Schinkel bisweilen auch nur geringfügige Änderungen des eingereichten Entwurfes gewünscht. Seit 1931 wird Schinkels Schaffen in dem mehrteiligen und mehrbändigen Werk »Karl Friedrich Schinkel Lebenswerk« erarbeitet. Dort werden sämtliche fassbaren Entwürfe und Einflussnahmen verzeichnet. Im vorliegenden Führer wurde dagegen versucht, nur eigenständige Entwürfe Schinkels mit Einzelbetrachtungen zu würdigen. Alle sonstigen Korrekturen, Einflüsse und Zuschreibungen an Schinkel sind in den einleitenden Texten zu den einzelnen Gebieten erwähnt. Die Initiative für den ersten umfassenden und kritischen Führer zu Schinkels Bauten entstand im Vorfeld des 225. Geburtstags von Karl Friedrich Schinkel am 13. März 2006 im Schinkel-Zentrum der Technischen Universität Berlin und im Haus der Brandenburgisch-Preußischen Geschichte in Potsdam.

Die Darstellung der Bereiche Berlin, Charlottenburg und Potsdam lag in der Technischen Universität Berlin in der Verantwortung des Schinkel-Zentrums, das im Geiste des großen Architekten das interdisziplinäre Architekturdenken in Gegenwart und Zukunft fördern will. Die Bauten in den weiteren Teilen Brandenburgs ebenso wie in allen übrigen preußischen Provinzen hat das Haus der Brandenburgisch-Preußischen Geschichte übernommen. Sie sind nach heutigen Verwaltungseinheiten gegliedert. Damit soll vor allem auf die Breite in Schinkels Schaffen aufmerksam gemacht werden. Im 20. Jahrhundert standen fast nur seine Hauptwerke in Berlin und Potsdam im Fokus der Architekturhistoriker, die damit Wegweisendes für die moderne Architektur aufzeigen wollten. Schinkels gebautes Œuvre geht jedoch weit darüber hinaus. Gerade in den Provinzen ist seine Einflussnahme als Baubeamter außerordentlich deutlich und wichtig als Vermittlung von Architekturprinzipien. Die Qualität von Schinkels Bauten in den Provinzen ist durchaus unterschiedlich, was ihren Vergleich sehr spannend macht. Da sie noch immer nur Wenigen bekannt sind, will das Haus der Brandenburgisch-Preußischen Geschichte mit diesem Führer zu Reisen, Vergleichen und Diskussionen anregen.

Für die freundliche Unterstützung bei der Beschaffung von Bildern und Plänen danken wir der Stiftung Preußische Schlösser und Gärten Berlin-Brandenburg, der Stiftung Preußischer Kulturbesitz, der Plansammlung der Universitätsbibliothek der Technischen Universität Berlin, dem Landesarchiv Berlin, dem Landesdenkmalamt Berlin, der Allianz Umweltstiftung sowie zahlreichen Kirchengemeinden. Viele Fotografen und Freunde Schinkels haben Aufnahmen zur Verfügung gestellt. Markus Hilbich hat weitere Neuaufnahmen gefertigt. Die Karten und Orientierungspläne hat Anke Edwardes hergestellt. Herzlich gedankt sei auch Martina Abri, die hilfreiche Hinweise zu Schinkelbauten in der ehemaligen Provinz Sachsen und im Süden und Westen Deutschlands gab. Die gründliche und umsichtige Schlussredaktion für das Haus der Brandenburgisch-Preußischen Geschichte besorgte Monika Hingst, die Fotorecherche lag hier in den Händen von Anne-Katrin Ziesak. Für Layout und Gestaltung gebührt Marlies und Sieghard Hawemann unser besonderer Dank. Für die sachkundige Betreuung der Drucklegung danken wir Elisabeth Roosens und Hans Georg Hiller von Gaertringen vom Deutschen Kunstverlag, der dem Lebenswerk Schinkels schon so lange verbunden ist und den Führer mit großem Engagement realisiert hat.

Johannes Cramer, Ulrike Laible,
Hans-Dieter Nägelke

Schinkel-Zentrum der
Technischen Universität Berlin

Andreas Bernhard

Haus der Brandenburgisch-Preußischen
Geschichte, Potsdam

Karl Friedrich Schinkel

13. März 1781 – 9. Oktober 1841

Kein anderer Architekt hat seine Zeit so weitgehend und so nachhaltig geprägt wie Karl Friedrich Schinkel. Er trat mit dem Selbstverständnis des Staatsarchitekten auf, der nicht nur gute Architektur schaffen, sondern mit seinem Wirken die Kultur und das Gesicht des gesamten Preußen formen wollte. Andere Architekten mögen aus heutiger Sicht noch berühmter gewesen sein oder prächtigere Bauten errichtet haben: Die »Schinkelzeit« als Charakterisierung einer ganzen Epoche im Spannungsfeld zwischen Französischer Revolution 1789 und Bürgerlicher Revolution 1848 war und ist ein Unikum, das die Sonderstellung unseres rastlosen und arbeitswütigen, universell begabten Protagonisten schlaglichtartig erhellt.

Als Schinkel am 13. März 1781 in Neuruppin als Sohn eines Geistlichen geboren wurde, hatte man ihm diese Rolle sicher nicht an der Wiege gesungen. Zwar zeigte er schon früh Interesse am Zeichnen und an der Natur. Nach dem frühen Tod des Vaters siedelte die Familie 1794 nach Berlin über, wo Schinkel das berühmte Gymnasium zum Grauen Kloster besuchte –

freilich mit mäßigem Erfolg. 1798 begann er seine Ausbildung bei David und Friedrich Gilly, ein Jahr später trat er in die neu gegründete Bauakademie, die spätere Allgemeine Bauschule ein. Vor allem den im Jahr 1800 jung verstorbenen Friedrich Gilly verehrte er fast grenzenlos. Er folgte dessen Auffassungen so unmittelbar, dass der Bildhauer Gottfried Schadow Schinkel eine »Naturwiederholung« Friedrich Gillys nannte. Diese Begeisterung verhalf Schinkel gleichwohl und trotz einzelner kleinerer Aufträge nicht sofort zu einer gesicherten beruflichen Existenz. 1803 begab er sich zusammen mit Gottfried Steinmeyer und seinen Ersparnissen aus der Beendigung einiger Bauaufträge Gillys auf die damals obligatorische Bildungsreise nach Italien. Bis 1805 dauerte diese Grand Tour, die ihn über Dresden, Prag und Wien nach Rom, Neapel bis Sizilien und über Paris wieder nach Preußen führte. Er kam nicht nur mit traumhaft schön gezeichneten Ansichten des Gesehenen, sondern – viel wichtiger – mit einer Vielzahl neuer und großartiger Eindrücke von den antiken Monumenten zurück. In Berlin war an eine

Reiseskizze: Das Theater in Taormina, 1804

Reiseskizze: Die Porta Aurea in Pola, 1804

der Basis von Architektur komponiert, sind auch die zahlreichen Bühnenbilder, die Schinkel bis in die frühen zwanziger Jahre schuf, fast immer von wirkungsvollen antiken und gotischen Bauwerken geprägt.

Der eigentliche Baumeister und Architekt Karl Friedrich Schinkel begegnet uns erst als knapp Dreißigjähriger im Jahre 1810, dem Jahr, in dem er Königin Luise mit seinen künstlerischen Arbeiten aufgefallen war und bald darauf, gefördert durch Wilhelm von Humboldt, zum Geheimen Oberbau-Assessor und Mitglied der Technischen Oberbaudeputation ernannt wurde. Jetzt beginnt seine steile Karriere. 1815 ist er Geheimer Oberbaurat. Bis 1818 kann er endlich seinen ersten bedeutenden Architektur-Entwurf, die Neue Wache, verwirklichen. 1820 wird er zum Professor der Baukunst an der Allgemeinen Bau-Unterrichts-Anstalt, kurz: Bauakademie ernannt. Gelehrt hat er freilich nie. 1830, auf dem Höhepunkt seiner Schaffenskraft, wird er als Nachfolger von Johann Albert Eytelwein als Geheimer Oberbaudirektor Leiter der Oberbaudeputation. Er hat alles erreicht. Schon ein Jahr später verlassen ihn immer deutlicher die Kräfte. 1838 wird er noch zum Oberlandesbaudirektor befördert. Doch da ist er schon ein schwer kranker Mann. Nach Jahren der rastlosen Arbeit für den preußischen Staat, sicherlich auch enttäuscht, dass weder seine großartigen Pläne für den Ausbau der Akropolis in Athen zum griechischen Königsschloss (1834) realisiert wurden, noch sein mit großen Erwartungen gefertigter, freilich überdimensionierter Entwurf für das Schloss Orianda auf der Krim (1838) bei der Russischen Zarin Alexandra Feodorowna (Charlotte von Preußen) Interesse gefunden hatte, wirft ihn ein Schlaganfall aufs Krankenlager. Seine Sehkraft und wohl auch sein Lebenswille schwinden rasch und nach mehr als einjähriger Leidenszeit stirbt Schinkel am 9. Oktober 1841.

Das immense und komplexe architektonische Werk von Karl Friedrich Schinkel, das

Tätigkeit als Architekt zunächst nicht zu denken. Der preußische Staat war 1806 von Napoleon zu Boden geworfen, der König im Exil, das Bauwesen zusammengebrochen. So musste sich Schinkel mit Gelegenheitsbeschäftigungen durchschlagen. Riesige Dioramen, welche unter anderem die Stadt Palermo, den Brand von Moskau (1812), den gotischen Dom von Mailand, die Sieben Weltwunder der Antike oder auch den Markusplatz in Venedig darstellten, waren ein einträgliches Geschäft. Das Publikum war dabei nicht nur von den dargestellten Themen, sondern mehr noch von Schinkels Malweise mit höchst eigentümlichen und ungekannten Perspektiv- und Lichteffekten fasziniert. Diese Fähigkeit zur dramatischen, gelegentlich sogar manierierten Überhöhung des Gegenstands durch darstellerische Effekte kennzeichnet auch Schinkels zahlreiche großformatige Ölgemälde, die in unterschiedlicher Weise Landschaft, Architektur, Geschichte und die ideale Vision des Staates thematisieren. Und so, wie er seine großen Gemälde immer wieder auf

Mittelalterliche Stadt am Wasser, 1813

wir heute mit dem Leiter der Preußischen Oberbaudeputation verbinden, entstand also in kaum mehr als zwanzig Jahren. In dieser Zeit war Schinkel Baumeister, Baubeamter, Städtebauer, Konstrukteur, Gestalter und Denkmalpfleger, aber auch Lehrer, zweifellos Innovator und gelegentlich auch Selbstdarsteller – vor allem aber: ein universell begabter Staatsarchitekt und Baukünstler.

Der Architekt und Baumeister

Die architektonische Haltung Schinkels ist ohne Frage von der Faszination durch die antiken Monumente einerseits und vom Trauma der Napoleonischen Kriege und der Hoffnung auf die Wiedergeburt des preußischen Staates andererseits geprägt. Vor allem in den ersten Jahren nach den Befreiungskriegen sehen wir immer wieder in zahlreichen Entwurfs-Varianten die bisweilen fast quälende Auseinandersetzung mit der Frage, ob der als genuin »vaterländisch« bzw. deutsch aufgefasste

»Gotische Stil« den Vorzug haben müsse vor dem internationalen europäischen und das hieß vor allem französisch geprägten »Klassischen Stil«. Schon der erste Auftrag

Antike, Mittelalter und Natur ergänzen sich zu einem Ganzen: Erntefestzug, 1826 (Kopie von J. F. Bonte)

11

Blick in Griechenlands Blüte, 1825 (Kopie von Wilhelm Ahlborn, 1836)

für den eben ernannten Hofbaumeister zeigt diesen Zwiespalt: Seine Gönnerin, Königin Luise, stirbt jung, unerwartet und tief betrauert im Jahre 1810. Schinkel entwirft – gewiss in der Erinnerung an seine frühen Studien zur Marienburg – einen gotischen Kirchenraum mit »paradiesischen« Palmensäulen und einer zentralen Figurengruppe lebensgroßer Engel, die die Verstorbene zur Ruhe betten. Ausgeführt wird später ein antikisierender Tempelbau. Das gegenteilige Schicksal widerfährt seinen Vorschlägen für die Friedrichswerdersche Kirche in Berlin. Alle aus der antiken For-

mensprache entwickelten Entwürfe werden verworfen. Kronprinz Friedrich Wilhelm (IV.) wünscht einen gotischen Bau. Als »Romantiker« tritt uns der Architekt des preußischen Nationalstaates auch in den unausgeführten Entwürfen für einen gotischen Dom auf dem Leipziger Platz entgegen, der als Denkmal für die Befreiungskriege gedacht war (1816), sowie in dem 1817–21 ausgeführten Entwurf für das diesem Thema gewidmete Denkmal auf dem Kreuzberg.

Die offenkundig antikisierenden Architekturen, welche beispielsweise durch die

Bühnendekoration zu Mozarts »Zauberflöte«: Palast der Königin der Nacht, 1815

Neue Wache (1818), das Schauspielhaus (1818–21) und das Alte Museum (1824–30) in Berlin oder die Nikolaikirche in Potsdam (1830–35) die Wahrnehmung von Schinkel als dem maßgeblichen Repräsentanten des deutschen Klassizismus prägten, haben in Wahrheit an seinem tatsächlich gebauten Gesamtwerk nur einen kleineren Anteil. Selbst wenn man das umfangreiche Werk des Umbau-Architekten und des Denkmalpflegers Karl Friedrich Schinkel einmal außer Acht lässt und auch das höchst vielgestaltige Schaffen im Bereich der Kleinarchitekturen wie Brunnen und Grabmäler hier nicht einbezieht, ist der stilreine Klassizist Schinkel eher eine Projektion seiner Verehrer. Vielmehr ging es Schinkel stets um die Adaption und Transformation der historischen Bautypen, Konstruktionen und Stilformen in eine den Gegenwartsbedürfnissen entsprechende Baukunst, weshalb er – etwa im Bezug auf die Bauakademie (1832–36) – mit Recht auch als Wegbereiter der Moderne gefeiert wird.

Bühnendekoration zu Spontinis »Vestalin«: Das Innere des Tempels, 1818

fahrenen Architekten ungewöhnliche Berufung in diese verantwortungsvolle Position verdankte er sicherlich der Fürsprache seiner einflussreichen Freunde und Gönner Christian Peter Wilhelm Beuth und Wilhelm von Humboldt. Beuths Ziel einer Veredelung des Handwerks durch Kunst fand im Baubeamten Schinkel eine ideale Ergänzung. Beide trafen sich in dem Be-

Der Baubeamte

Schinkel hatte kaum Eigenes gebaut, als er 1810 als fünfter leitender Beamter in die Oberbaudeputation berufen wurde. Angesichts seiner zu dieser Zeit noch ausgeprägten Ambivalenz zwischen Bildender Kunst und Architektur könnte man diesen Schritt in die Bürokratie zunächst als ökonomische Entscheidung in einer an lukrativen Berufsperspektiven nicht eben reichen Zeit verstehen. Doch steckte mehr dahinter. Die 1804 aus dem 1770 gegründeten Oberbaudepartement hervorgegangene Oberbaudeputation war die zentrale Bauaufsicht Preußens, die über nahezu alle Belange des Bauwesens zu befinden hatte. Innerhalb des gleichberechtigten Kollegiums übernahm Schinkel das Ressort der höheren Baukunst, sollte aber zugleich über alle Fachgebiete hinweg für ästhetische Fragen zuständig sein. Die für einen noch uner-

Entwurf zur Begräbniskapelle für Königin Luise, 1810

Idealansicht des Lustgartens mit Altem Museum, Dom und Schlossbrücke, 1823

mühen, z.B. durch die Publikation von Vorlageblättern für Handwerker und eine Ausbildungsreform an Bau- und Gewerbeakademie zu einer Förderung der heimischen Industrie beizutragen. Ästhetische und materielle Qualität auf der einen, die nicht aus der Not heraus sondern um ihrer selbst willen vertretene ökonomische Vernunft auf der anderen Seite wurden damit gewissermaßen zum Staatsziel. Schinkel nutzte sein Amt, das ihm formal zunächst die kollegiale Begutachtung aller preußischen Bauangelegenheiten erlaubte, zur stilbildenden Vereinheitlichung der öffentlichen Architektur Preußens weit über seine eigenen Bauten hinaus. Auf dem Weg des Revisionsentwurfs, d.h. der verändernden Bearbeitung vorgelegter Planungen, konnten seine architektonischen Vorstellungen – gestalterische ebenso wie konstruktiv-materielle – innerhalb der ausdifferenzierten Bauverwaltung Preußens eine Wirkung entfalten, welche die Schinkelschule im eigent-lichen Sinn erst begründete. Ihm untergeordnete Baubeamte innerhalb der Oberbaudeputation setzten, wenn er nicht selbst die Zeichenfeder führte, Revisionen nach seinen Anweisungen um; Baubeamte vor Ort entwarfen, wenn sie erfolgreich sein wollten, von vornherein in seinem Sinne oder führten Bauten nach seinen Entwür-

fen oder Änderungen aus. Damit freilich wird es rückblickend umso schwerer, den »echten Schinkel« vom vermeintlichen zu trennen: Seine in Akten oder auf Zeichnungen nachzuweisenden Revisionen sind ungezählt, die Änderungen, die auf mündliche Anweisung oder vorauseilende Anpassung entstanden, schon gar nicht zu fassen. Immer wird sich deshalb die Forschung in Zweifelsfällen wie dem Leuchtturm am Kap Arkona oder den Normalkirchenprojekten in Nachfolge der Kirche in Naklo (Nakel) deshalb auch auf die Suche nach seiner persönlichen Handschrift und Qualität begeben müssen.

Schinkels Hingabe an den preußischen Staat, wie immer man sie zwischen Selbstverwirklichung und Pflichterfüllung einordnen will, machte ihn zum Heros und Ideal der preußischen Baubürokratie bis weit ins 20. Jahrhundert hinein. Nicht selten um den Preis eines epigonalen Festhaltens an vermeintlichen Gestaltungstugenden wie Sparsamkeit und formaler Strenge. Seine besonders von der Baubeamtenschaft betriebene Apotheose (jährlich feierte man ihn und sich selbst auf Schinkelfesten) kann nicht darüber hinweg täuschen, dass es jenen, die sich am lautesten auf ihn beriefen, häufig an eigenschöpferischer Kraft zu wirklichen Auseinandersetzung mangelte.

Der Städtebauer

Schinkels städtebauliche Vorstellungen sind stark von der Antike und der All-Ansichtigkeit des Monuments geprägt. Davon zeugen natürlich die klassizierenden Bauten, darüber hinaus aber auch die gotischen Architekturen. Dass die großen Kathedralen und Pfarrkirchen am Anfang des 19. Jahrhunderts in den mittelalterlichen Stadtkernen noch vielfach eng eingebaut waren, interessierte Schinkel nicht. Auch seine »gotischen teutschen« Monumentalbauten präsentieren sich auf freier Flächen, mit Achsenbezug und von weit her sichtbar.

Als zusammenhängend geplanten und auch in vielen Bereichen bis in die Einzelheiten realisierten Stadtraum haben wir von Schinkel nur den östlichen Teil des Boulevards »Unter den Linden« und den Lustgarten vor Augen. Auf Geheiß des Königs verband Schinkel beide Räume durch die Schlossbrücke. Er ergänzte das Forum Fridericianum mit der Neuen Wache und fasste den Lustgarten durch den Umbau des (alten) Domes und vor allem den Neubau des Museums auf allen Seiten neu. Er schuf mit der großen Brunnenschale vor dem Museum, den vor der Neuen Wache errichteten Standbildern der Feldherren Scharnhorst und Bülow (1819–22) sowie dem erst nach seinem Tode realisierten Figurenprogramm auf der Schlossbrücke (1847–57) und dem Reiterstandbild von Friedrich dem Großen (1839–51) am Forum ein subtil komponiertes Bildprogramm zur Selbstvergewisserung des preußischen Staates.

Zahlreiche weitere, oft nicht ausgeführte oder wieder untergegangene Entwürfe für Platzgestaltungen und Denkmalsbauten zeigen immer aufs Neue die gleiche Haltung: Der Stadtraum wird durch Einzelbauten, Denkmäler und Heckengrün geordnet und inszeniert, ohne jedoch ein geschlossenes Ganzes zu erzeugen. Vielmehr wird in Schinkels seit 1819 publizierter »Sammlung Architektonischer Entwürfe« deutlich, dass die übereck konzipierten Idealansichten, etwa des Alten Museums, des Schauspielhauses und der Bauakade-

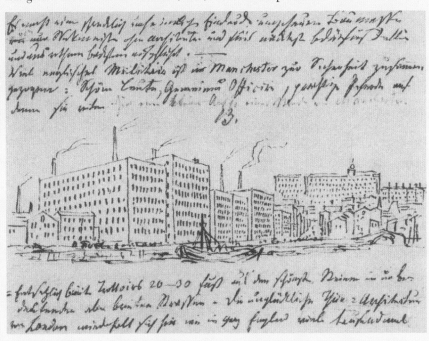

Reiseskizze: Fabriken in Manchester, 1826

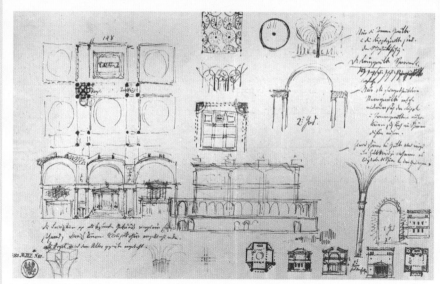

Aus dem Lehrbuch: Typologische Studien für den Kirchenbau, vor 1830

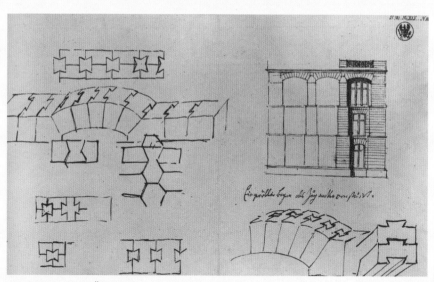

Aus dem Lehrbuch: Überlegungen zur schubfreien Wölbung, um 1830

mie, einem neuen Raum- und Landschaftsbezug entsprechen, wie ihn Schinkel insbesondere in seinen Potsdamer Schloss- und Parkbauten entwickelte. Die malerische Einbindung von Bauwerken in den Landschaftsraum im Sinne der englischen Gartenkunst des 18. Jahrhunderts steigert Schinkel, indem er in den Baugruppen um Schloss Charlottenhof (begon-

nen 1826) erstmals die Asymmetrie als künstlerisches Kompositionsprinzip einführt.

Der Konstrukteur

Die im preußischen Staat nachgerade zur Ideologie erhobene Forderung nach formaler und materieller Sparsamkeit förderte

Schloss Orianda auf der Krim, 1838

und forderte auch die Auseinandersetzung mit und die Suche nach neuen, wirtschaftlicheren Materialien und Konstruktionen. Auch vor diesem Hintergrund reiste Schinkel 1826 nach Paris und England und studierte dort die boomende Produktion von Industriebauten. Die hohe Kompetenz in der Verarbeitung und baulichen Verwendung von Eisen, wie sie der französischen und englischen Architektur schon seit dem 18. Jahrhundert eigen war, finden wir beispielsweise im Glasoberlicht über der Rotunde des Alten Museums oder auch in der Tragkonstruktion der Decke über dessen Vorhalle wieder. Besonders hier zeigt sich aber auch, dass Schinkel die technische Innovation als dienende Unterstützung des Architekturentwurfs, noch nicht als dessen gestalterischen Bestandteil auffasst. Im Alten Museum können wir auch Schinkels Experimente mit dem neuen »englischen Patent-Cement« verfolgen. Die heimische Ziegelindustrie verdankt Schinkels bewusster Verwendung des bodenständigen Materials ihre Wiederbelebung. Die Verfeinerung dieser Technologie für die Terrakotten der Bauakademie ist ebenso Schinkels Initiative zu verdanken. Die bis heute als Ikone der Architektur des 19. Jahrhunderts diskutierte Bauakademie aus dem

Jahr 1834 verdankt ihre Faszination gleichermaßen der konstruktiven wie der ästhetischen Kompetenz und Innovationskraft Schinkels.

Der Lehrer

Schinkels so genanntes »Architektonisches Lehrbuch« – das als solches nie erschienen ist –, ist Fragment geblieben. Erst 1979 wurde dieses in Skizzen und zerstreuten Texten überlieferte architekturtheoretische Vermächtnis Schinkels durch die Publikation von Goerd Peschken der Öffentlichkeit zugänglich. Schinkels Textfragmente sind Zeugnis für eine intensive gedankliche Auseinandersetzung mit der Baukunst, die seine Bautätigkeit von Anbeginn an begleitete. Seine theoretischen, im damaligen

Schloss Orianda auf der Krim, Peristyl, 1838

Franz Kugler: Karl Friedrich Schinkel,
Eine Charakteristik seiner künstlerischen
Wirksamkeit, 1842

geistigen und kunsttheoretischen Diskurs
verwurzelten Bemühungen gelten vor allem der Suche nach den Grundlagen des
architektonischen Schaffens.

Dabei umfassen Schinkels Gedanken eine
schon zu seiner Zeit nicht mehr systematisch zu bewältigende Spannweite, zu der
neben der technisch-konstruktiven Seite
des Bauens auch wahrnehmungs- und
erkenntnistheoretische sowie wirkungspsy-
chologische Aspekte der Architekturbetrach-
tung gehörten, die sich aber kaum auf einen
lehrbuchähnlichen Nenner bringen lassen.
Die Architekturtheorie nach Schinkel hat
es bisher ebenso wenig vermocht, die Architektur in dieser Komplexität phänome-
nologisch präzise zu beschreiben und systematisch darzustellen.

Der Selbstdarsteller

In einem weiteren Punkt beweist uns Karl
Friedrich Schinkel seine bis heute wirken-
de Modernität. Er hielt es für eine Selbst-

verständlichkeit, seine Werke als gedruckte
Dokumentation der Nachwelt zu hinterlassen. Die »Sammlung Architektonischer Entwürfe«, die seit 1819 erschien, steht in der
Tradition eines Andrea Palladio. Zwar haben
auch andere Architekten der Zeit, wie zum
Beispiel Friedrich Weinbrenner, vergleich-
bare Vorhaben ins Werk gesetzt. Schinkels
28 bis zu seinem Tode erschienene Liefe-
rungen stellen diese Projekte aber deutlich
in den Schatten und wurden wiederum
zum Vorbild, etwa für die Werkpublikation
seines Münchner Rivalen Leo von Klenze.
Und auch Schinkels Nachleben hat moderne mediale Züge. Schon kurz nach seinem
Tode erschienen zwei Biographien des Universalkünstlers. Zum einen Franz Kuglers
Karl Friedrich Schinkel. Eine Charakteristik seiner künstlerischen Wirksamkeit
(Berlin 1842) und zum anderen – in dem
von der Königlich Preußischen Deputation
herausgegebenen »Berliner Kalender auf
das Schalt-Jahr 1844« – Karl Friedrich
Schinkel als Mensch und als Künstler von
seinem einstigen Reisegefährten Gustav
Friedrich Waagen. Der ›Architekt‹ erschien
beiden wohl weniger wichtig? Gleichzeitig
begann Schinkels Musealisierung. 1842
wurde »nach Kabinettsordre« sein Nach-
lass vom preußischen Staat angekauft und
zwei Jahre später in seiner ehemaligen
Wohnung in der Bauakademie als »Schinkelmuseum« präsentiert. Heute befinden
sich seine Zeichnungen größtenteils im Besitz der Staatlichen Museen zu Berlin.
Karl Friedrich Schinkel war ein Universal-
künstler, der sein Leben der Architektur
gewidmet hat. In den ersten Jahren seines
Berufslebens schuf er für sich und für die
Nachwelt zuerst Bilder von Architektur,
die er in seinen zwei Jahrzehnten bei der
Oberbaudeputation dann rastlos umsetzte.
Vom Packhof bis zum Schauspielhaus, von
großen Kirchenbauten bis zu kleinen
Denkmälern stellte er sich jeder Bauaufgabe und jeder städtebaulichen Herausforderung. Er war in der ersten Hälfte des 19.
Jahrhunderts ein Visionär im Spannungs-

feld von Klassik und Romantik, der sich der oberflächlichen Entscheidung für einen »Stil«, wie sie damals von manchem Architektenkollegen gefordert wurde, konsequent verweigerte. Sein reflektiertes Verhältnis zur historischen Bautypologie und den historischen Stilen verhalf ihm dazu, zum Neuerer zu werden, der jede architektonische Lösung an jedem Ort als einmalig und unwiederholbar versteht. Auf die Umbrüche der spätfeudalen Gesellschaft reagierte er mit ungebrochenem Innovationswillen und wies – freilich getreu im Rahmen der preußischen Monarchie – der neuen, freien und bürgerlichen Industriegesellschaft den Weg zu einem Ideal der Baukunst, das jenseits der hergebrachten Konvention als künstlerische Kreation nach Neuerung und Harmonie zugleich strebt. Auf diese Haltung berufen sich bis heute viele und mit gutem Recht.

Die Autoren

Karl Friedrich Schinkel, 1837 (Kopie nach einem Gemälde Carl Friedrich Ludwig Schmids, um 1880)

BERLIN

Die Residenz der preußischen Könige war zu allen Zeiten der Mittelpunkt von Schinkels Tätigkeit. An den drei Standorten Berlin, Charlottenburg und Potsdam stehen noch heute und trotz der zahlreichen Kriegsverluste seine Hauptwerke in einer räumlichen Dichte, die sonst nirgends zu finden ist. Der östliche Teil des Boulevards »Unter den Linden« und der Lustgarten geben bis heute einen lebendigen Eindruck von den städtebaulichen Vorstellungen Schinkels. Das Alte Museum ist ohne Zweifel der Bau mit der größten Nachwirkung für die Architekturgeschichte. Die Neue Wache, die Schlossbrücke und die Friedrichswerdersche Kirche zeigen die Breite von Schinkels architektonischen Möglichkeiten. Das Schauspielhaus am Gendarmenmarkt ist gewiss einer seiner komplexesten Entwürfe. Und die Debatte um die Wiedererrichtung der Bauakademie ist der beste Nachweis für die anhaltende Aktualität des Architekten.

Nimmt man die durch Abbruch im späten 19. Jahrhundert oder Kriegszerstörung verlorenen Bauten wie den alten Berliner Dom oder den Packhof hinzu und betrachtet die heute nicht mehr recht fassbaren Umbauprojekte an zahlreichen Stadtpalais in der

Festsaal im Palais Prinz August, um 1900

Mitte Berlins – beispielsweise das Prinz-Albrecht- oder das Prinz-Carl-Palais oder die aufwändigen Raumgestaltungen im Berliner Stadtschloss –, bedenkt man ferner die beträchtliche Zahl nicht realisierter Bauwerke und Platzgestaltungen, dann gewinnt man eine ungefähre Vorstellung von

Der Packhof (Sammlung Architektonischer Entwürfe, 1831)

Schinkels Vision einer preußischen Hauptstadt.

Auf die Sommer- und Nebenresidenz Charlottenburg hatte Schinkel keinen vergleichbar weit reichenden Einfluss. Sein am meisten diskutierter Beitrag, die Einrichtung des Schlafzimmers für Königin Luise im Schloss Charlottenburg, wurde schon 1835 verändert, in den dreißiger Jahren nachgebildet und nach dem Zweiten Weltkrieg noch mehrfach überarbeitet. Der im Krieg fast vollständig zerstörte und im Inneren verändert wieder aufgebaute Neue Pavillon muss eher als Auftragswerk des Regenten nach dessen Vorstellungen gelten denn als eigenständiger Entwurf Schinkels. Für

Säule vom Alten Berliner Dom aus dem Umbau von Schinkel (1816–1821), heute in der Grünanlage des Stammgeländes der Technischen Universität an der Straße des 17. Juni 135 (heutiger Zustand)

Bronzetor der Bauakademie, nach der Bergung im Neubau der Schinkelklause eingebaut. Die Terrakotten der Rahmung sind Nachschöpfungen (heutiger Zustand).

das Mausoleum der Königin Luise fertigte Schinkel Entwürfe. Ausgeführt wurde aber ein Entwurf von Heinrich Gentz, der später, auch unter Beteiligung Schinkels, verändert wurde. Die Neu- und Umgestaltung der Luisenkirche schließlich ist als Zeugnis des bewussten Umgangs mit vorgefundener Architektur ohne Zweifel uneingeschränkt von Interesse, aber sicher kein Hauptwerk Schinkels. JC / UL

Berlin
Neue Wache

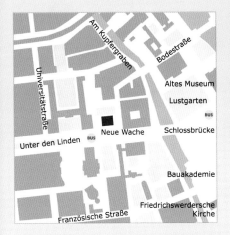

Entwurf	1816
Ausführung	1816–18
Tympanonrelief von August Kiss	1842
Umgestaltung	
(Heinrich Tessenow)	1930/31
Kriegsbeschädigung	1945
Wiederherstellung des Außenbaus	1951–56
Umgestaltungen des Innenraums	
(Heinz Mehlan)	1956
(Lothar Kwasnitza)	1968
(Hilmer & Sattler)	1993

Die Neue Wache Unter den Linden ist, nach bald 200 Jahren des Bauens und Gegenbauens, immer noch ein Werk Karl Friedrich Schinkels, obwohl das Äußere seines Baus merklich und das Innere vollkommen verändert wurden. Denn er bestimmte, im Auftrag seines Königs, den Typus, die Konturen und den Bildschmuck des kleinen, kompakten Bauwerks zwischen Zeughaus und Humboldt-Universität, das griechisch-klassische Form und preußische Mäßigung vereint und Sieg und Opfer, Ehre und Trauer, Wehrhaftigkeit und eine gewisse bürgerliche Zivilität versinnbildlicht. Von Anfang an war der Bau in Anspruchshöhe, Stil und Botschaft auf dem allerhöchsten Niveau der Staatsrepräsentation angesiedelt. Die Auftraggeber, von Friedrich Wilhelm III. bis zu Helmut Kohl, wollten hier die Leitideen ihrer überlegenen und friedensbringenden Politik Gestalt gewinnen sehen.

Der Auftrag für ein neues Wachgebäude geht auf eine Kabinettsorder von Friedrich Wilhelm III. zurück, der 1815 die Neugestaltung des östlichen Endes der Straße Unter den Linden verfügte. Nach dem Sieg über die napoleonischen Truppen bei Waterloo befand sich der König noch in Paris, und wollte unverzüglich das lange ersehnte Freiheits- und Nationaldenkmal in Auftrag geben. Da aber die Staatsfinanzen durch jahrelange Besatzung und Krieg arg zerrüttet waren, musste es ein im wahrsten Sinne des Wortes preiswertes Denkmal werden, das neben seinen Kosten auch Nutzen bringen würde. So entstand der Auftrag für ein Denkmal, das zugleich als Wachgebäude für die 100 Mann starke königliche Garde dienen sollte.

Schinkel begann also 1816 mit der Arbeit an einer Siegesdenkmal-Kaserne, die den Platz der Alten Wache vor dem bereits damals bestehenden Kastanienwäldchen neben dem Zeughaus einnehmen sollte. Der Kronprinz und der Kanzler v. Hardenberg nahmen regen Anteil am Fortgang des Projektes. Schinkels erste Entwürfe lassen ein

Ansicht von Süden, heutiger Zustand

Zögern zwischen Triumphtor, Tempel und Festung erkennen – alle drei Bautypen passten gleichermaßen zum Auftrag. Schinkel entschied sich für einen Mischtyp: Er fasste eine auf zwei Stufen erhobene dorische Tempelfront mit Portikus, Tympanon und Attika mit massiven Eckpylonen ein, die militärische Stärke signalisieren, deren praktische Wehrhaftigkeit indes dadurch neutralisiert ist, dass die Seitenwände des Baus sich mit großen Fenstern zum Kastanienwäldchen öffnen. Das Militärische ist so gewissermaßen zum Zitat geworden. Die Front und auch die Gliederungen der Rückfront und das Gesims sollten in Sandstein, die Seitenwände in Ziegel ausgeführt werden.

Die weitere Ausarbeitung zeigt, dass auch die Wahl des Siegesdekors nicht leicht fiel. In frühen Plänen erscheinen auf den Eck-

Vorentwurf (Sammlung Architektonischer Entwürfe, 1819)

24

pylonen Trophäenbündel und im Gesims Köpfe von unterlegenen Kriegern, beides Anleihen vom benachbarten barocken Zeughaus. Dort passen sie zu Mars und Minerva, gefesselten Sklaven, Trommeln, Kanonen und Adlern, aber für die Neue Wache sind sie zu schwer und auch zu altmodisch und das ist nicht nur stilgeschichtlich gemeint. Denn das neue Siegesdenkmal sollte ganz anderes zeigen: Der König sollte nicht sich selbst in Gestalt eines göttlichen Kriegsherren feiern, sondern seine Soldaten und seine Heerführer, vertreten durch die bei Christian Daniel Rauch bereits 1816 in Auftrag gegebenen Standbilder der Generäle von Bülow und Scharnhorst, die rechts und links vom neuen Gebäude aufzustellen waren. Bülow, der Gewinner der Schlacht bei Großbeeren (1813) als Mann der Tat, Scharnhorst, der Heeresreformer, als Mann des Rates und der Reflektion. Scharnhorsts Heeresreform, ebenso radikal und ebenso wirksam wie die 1808 eingeleiteten Stein-Hardenbergschen zivilen Reformen, hatte, nach der vernichtenden Niederlage des alten preußischen Heeres in der Schlacht von Jena und Auerstedt (1806), eine neue Armee aus Wehrpflichtigen – und wehrwilligen – Bürgern begründet.»Der Bürger ist der geborene Verteidiger seines Landes«, schrieb Scharnhorst. Diese neue, reformierte, siegreiche Armee war in dem Denkmal Neue Wache zu ehren.

Also nahm Schinkel Abstand von Trophäen und abgeschlagenen Kriegerköpfen und entwarf für das Gesims einen Fries mit Viktorien, den der Bildhauer Schadow in Zinkguss realisierte. Für das Tympanon sah er ein Relief vor, das im rechten Feld Aufbruch und Triumph eines siegenden, im linken den Sturz und Schmerz eines sterbenden Kriegers und die Trauer der Hinterbliebenen zeigt (erst 1842 von August Kiss ausgeführt). So waren an der Neuen Wache, in Bautypus und Skulpturenprogramm, von Anfang an Sieg und Opfer, Ehre und Trauer, Wehrhaftigkeit und Zivilität miteinander verschränkt und dem 1818 vollendeten Gebäude in seine Zukunft mitgegeben.

Das Wachlokal im Inneren stand zu alldem in keinerlei Beziehung. Der Grundriss zeigt einen großen Saal für die Mannschaft, einen kleineren für die Offiziere, eine Arrestzelle und Räume für die Ausrüstung, angeordnet um einen kleinen Innenhof, zu dem auch die nach außen nicht sichtbaren Pultdächer abfallen. Das Tor und die vier großen, tiefgezogenen Fenster an der Rückseite des dorischen Portikus führen zu drei verschiedenen Funktionsräumen – eine Lösung, die die Überwachung der Straße und des Kronprinzenpalais', in dem damals der König residierte, gewiss erleichterte. Der Gegensatz zwischen der hochgespannten Feierlichkeit des Denkmals und der profanen Funktionalität der Kaserne konnte kaum größer sein.

So kam die Neue Wache über die Zeit, an drei Seiten umgeben vom dunklen Kastanienwäldchen, vor dem sich Christian Daniel Rauchs in weißem Carrara-Marmor ausgeführte Generalsstandbilder für Scharnhorst und Bülow (aufgestellt 1822) in ihrer klassischen Ruhe und Schönheit wirksam abhoben.

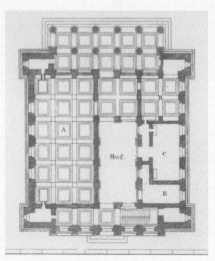

Ursprünglicher Grundriss
(Sammlung Architektonischer Entwürfe, 1819)

25

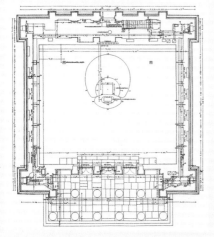

Heinrich Tessenow, Umgestaltung der Neuen Wache zum Denkmal für die Gefallenen des Ersten Weltkriegs, 1930

Mit dem Ende des deutschen Kaiserreiches wurde die Neue Wache obsolet, sie stand leer bis 1929 der preußische Ministerpräsident Otto Braun den Vorschlag machte, sie zu einem Denkmal für die Gefallenen des Ersten Weltkriegs umzubauen. Ein Wettbewerb wurde ausgeschrieben, der ausdrücklich nur das Innere zur Neugestaltung freigab. Unter den Teilnehmern waren so prominente Architekten wie Peter Behrens, Hans Poelzig, Mies van der Rohe und Heinrich Tessenow. Der Gewinner war Tessenow, mit einem Entwurf, der die totale Auskernung des Gebäudes vorsah.

Es entstand ein einziger geschlossener Innenraum, belichtet durch ein unverglastes kreisrundes Oberlicht, das Sonnenstrahlen und Regen gleichermaßen einfallen ließ. Die Seitenfenster wurden mit Ziegeln vermauert, die Tessenow in Format und Farbe dem Bestand anpasste, die zwei äußeren Achsen an der Rückwand des Portikus mit Sandsteinplatten zugesetzt, die drei mittleren abgesenkt und nur mit Gittertoren aus schlanken schmiedeeisernen Stäben verschlossen. Den Fußboden ließ Tessenow 20 cm tiefer legen und mit einem Mosaik aus kleinformatigen dunklen Basaltquadern pflastern und die Fugen mit Blei ausgießen. Die Wände des als zweite Schale in Schinkels Bau hineingestellten Raumes wurden mit großen Platten aus Muschelkalk verblendet. Auf der Mittelachse des Raumes ein Stück nach hinten verschoben, direkt unter der kreisrunden Öffnung, wurde ein großer, tiefschwarzer Basaltquader quasi als Altar aufgestellt, darauf ein Ehrenkranz aus in Silber getriebenen, vergoldeten Eichenblättern, davor eine Platte mit der Aufschrift »1914–1918«. Als die Wache 1931 neu eröffnet wurde, war das Innere in eine große Grabkammer verwandelt; wer sie betrat, fand sich von einer dunklen, kühlen, quasi-sakralen Atmosphäre umfangen, ein Ort der Trauer und Einkehr. Der Innenraum war modern und abstrakt, in der Formwahl aber unmissverständlich und in seiner Aussage durchaus konventionell: Aus der Dunkelheit der Gruft führt der Weg zum Licht. Konkreter: der Soldat, der sein Leben auf dem Altar des Vaterlandes geopfert hat, wird durch das (aktive!) Opfer erhöht und steigt in die lichten Sphären der Ehre und des Himmels auf.

Außen blieb die Neue Wache das Siegesdenkmal von 1818, keiner dachte daran, die Viktorien vom Gesims zu nehmen oder die Feldherrendenkmale von ihrem Platz zu verrücken. Niemand nahm Anstoß an dem nun ganz anders als zuvor bestimmten Kontrast zwischen Innenraum und Außenwirkung. Der Schinkelforscher Paul Ortwin Rave war über die Veränderung geradezu glücklich, verschwand doch endlich das profane Wachlokal und das Innere und Äußere der Neuen Wache passten nun in Gestaltungshöhe und Feierlichkeit erst wirklich zusammen. Für ihn vollendete sich Schinkels Werk in Tessenows Umbau. Während der Nazizeit wurde die Neue Wache als Tribüne und zur Aufstellung von Ehrenwachen benutzt, aber nicht umgebaut. Im Krieg konnten zwar die Generalsstandbilder durch Ummauerung gesichert werden, nicht aber das Gebäude: 1945 traf eine Bombe ins Innere, die Wache brannte aus, einige Säulen stürzten um, ein Teil des Gebälks brach ein. Der schwarze Steinquader im Inneren war in der Hitze des Brandes an den Kanten geschmolzen. Er wurde

Das Innere nach dem Umbau Tessenows

nach ersten Aufräum- und Sicherungsarbeiten zum Ablegen von Blumengebinden genutzt. Die Wache war nun ein gebrochenes Denkmal, Sieg und Ehre waren aus dem Sinn-Tableau verschwunden – unvorstellbar, nach dem Terror des Dritten Reiches an Sieg zu denken. Es blieben nur Trauer und Verlust.

Die Neue Wache stand im sowjetischen Sektor Berlins, im Territorium der 1949 gegründeten DDR und dies bestimmte ganz entscheidend ihr weiteres Schicksal. Erste Initiativen der FDJ, das Bauwerk als Denkmal des preußischen Militarismus abzureißen, konnten abgewendet werden. Die Wache blieb stehen und wurde zunächst notdürftig, im Jahre 1956 dann gründlich in Stand gesetzt. Die Generalsstandbilder indes wurden im Zuge der Vorbereitungen für die Weltjugendfestspiele 1951 von ihren Sockeln gehievt und fortgeschafft – allerdings behutsam und unter Schonung ihrer kunstvollen Oberflächen und Details. Die 1956 unter der Leitung von Heinz Mehlan hergestellte Innenraumfassung war wohl die eindrucksvollste und ästhetisch wie programmatisch kohärenteste nach 1945: Er restaurierte Schinkels Außenbau, Tessenows Innenraum und beließ den versehrten, angeschmolzenen Altar-Block an seinem Platz. Der Metallkünstler Fritz Kühn schmiedete die Lettern für die neue Inschrift: »Den Opfern von Militarismus und Faschismus«. Opfer waren nun nicht mehr die für das Vaterland

gestorbenen Soldaten, denen der Aufstieg zum Licht winkt, sondern die unterworfenen, wehrlosen Opfer, die zu ehren sich der sozialistische Staat anheischig machte. In der Gewissheit, das bessere Deutschland zu repräsentieren, hatte die Führung der DDR die Frage der Schuld am Leid all der Opfer ausgegrenzt.

Zwölf Jahre stand die Neue Wache in dieser Form, bis Lothar Kwasnitza 1968 den Innenraum der Wache so renovierte, dass er einen würdigen Rahmen für das Staatsprotokoll abgeben konnte, denn die DDR

Das Innere nach dem Umbau Lothar Kwasnitzas 1968/69

rüstete sich zum 20. Jahrestag. Tessenows Fußboden wurde mit hellen Granitplatten abgedeckt, die Wandquaderung in Travertin erneuert, der beschädigte schwarze Stein durch einen makellosen Block aus bestem Jenaer Glas ersetzt, in dem eine ewige Flamme brannte, weswegen das Oberlicht mit einer Glasfiberkuppel abgedeckt werden musste. Vor dem Glasblock wurden zwei Urnengräber eingetieft, eines für einen unbekannten Soldaten, eines für einen unbekannten Widerstandskämpfer. Somit hatte die DDR alle Elemente einer zugleich nationalen und antifaschistischen Weihestätte in der Wache versammelt und konnte die Regierungschefs, die durch ihren Besuch in der Hauptstadt die DDR als Staat anerkennen wollten, in einem würdigen Ambiente empfangen, immer mit dem Staatsemblem im Hintergrund, das groß und medienwirksam auf der inneren Stirnwand der Wache prangte. 1990 wurde es noch vor der Wiedervereinigung auf Weisung des Ministerpräsidenten de Maizière entfernt.

Der heutige Zustand der Neuen Wache, im November 1993 eingeweiht, geht wesentlich auf den Gestaltungswillen des damaligen Kanzlers Helmut Kohl und seines Beraters Christoph Stölzl, damals Direktor des Deutschen Historischen Museums im benachbarten Zeughaus, zurück. Treffsicher hatte der Kanzler das Bauwerk identifiziert, in und an dem die neu gewonnene deutsche Einheit im gemeinsamen Gedenken begangen werden konnte. Sie (die Einheit) als Sieg zu feiern wäre insofern problematisch geworden, als die Bundesrepublik zwar nach dem jahrzehntelangen Wettkampf der Systeme als Sieger übriggeblieben war, aber zum Untergang der DDR nichts Wesentliches beigetragen hatte. Man hätte sich wohl kaum einigen können, wer hier über wen oder was gesiegt haben sollte. Das Äußere der Wache, Schinkels Siegestempel, kam daher für die Kohl-Stölzl-Initiative gar nicht erst in den Blick. Einheit im gemeinsamen Gedenken

an die Opfer darstellen – das war realisierbar, dafür bot sich der Weiheraum in Inneren an.

Das gesamte Konzept lässt sich als außerordentlich bemühte Konsenssuche interpretieren: Die Raumfassung Tessenows sollte wiederhergestellt werden und an die Stelle des weithin als spießig geltenden Glasquaders sollte eine Skulptur treten. Die Wahl eines Werkes von Käthe Kollwitz, die in beiden deutschen Staaten hohes Ansehen genossen hatte, sollte ostwestlichen Differenzen vorbeugen. Die Wahl der Skulptur »Mutter mit totem Sohn«, die einfach und einprägsam Trauer und Verlust verbildlicht, sollte die Verständlichkeit sichern und emotionale Bindung erzeugen. Die Inschrift »Den Opfern von Krieg und Gewaltherrschaft« sollte alle Opfer in das Gedenken einschließen. Das war gut gemeint und wurde durch das Münchener Architekturbüro Hilmer und Sattler auch genau so umgesetzt. Der Fußboden wurde wieder freigelegt, die Wände wieder mit grauem Muschelkalk bekleidet, das Himmelsloch wieder geöffnet und darunter kam eine für diesen Zweck stark vergrößerte, in Bronze gegossene Version der Skulptur der Mutter mit ihren totem Sohn. Zu ihren Füßen liest man auf der Bodenplatte in goldenen Lettern die vom Kanzler bestimmte Inschrift.

Die marmornen Generalsstandbilder für Bülow und Scharnhorst, deren Rückkehr an ihren historischen Standort rechts und links der Wache schon beschlossene Sache gewesen war und im Frühjahr 1993 vorbereitet wurde, passte nicht zu diesem Szenario. Die führenden Akteure wollten von der subtilen Verschränkung militärischer und ziviler Ehre und Ehrung, von Schinkel und Rauch nichts wissen, die überragende künstlerische Qualität der Figuren war für sie ohne Belang. So blieben die Denkmale im Depot, bis sie im September 2002 schließlich doch aufgestellt werden konnten, aber auf der gegenüberliegenden Straßenseite, auf der Wiese zwischen Oper und

Das Innere im heutigen Zustand

hohen Politik an die intellektuellen Streiter und Streiterinnen 1993 angebracht wurden. Die linke Tafel berichtet die Baugeschichte. Die rechte zeigt eine verdichtete, typographisch kunstvoll aufbereitete Fassung der ob ihrer Klarheit und Präzision berühmten Rede des Bundespräsidenten Richard von Weizsäcker vom 8. Mai 1985, zum 40. Jahrestag des Kriegsendes. Die Tafel nennt, mit seinen Worten, alle die, die durch das nationalsozialistische Regime und den von ihm geführten Krieg gelitten haben, ohne sie nach Rang oder Hierarchie zu sortieren. Sie nennt, ganz anders als die Inschrift im Inneren, die Krieg und Gewaltherrschaft weder historisch noch politisch präzisiert, die Opfer, Gruppe für Gruppe, und ist in ihrer Konkretheit unausweichlich.

All die aufeinander folgenden, teils gegeneinander gerichteten Sinnsetzungen haben sich der Neuen Wache angelagert und damit hat sie fortwährend an Denkmalwert gewonnen. Auch die Fassungen, die in der Gebäudesubstanz nicht mehr sichtbar sind, sind in der gesellschaftlichen Bedeutung, also im sozial vermittelten Denkmalwert, noch immer aufgehoben. Schinkels Bau steht damit nicht geschwächt sondern umso kraftvoller da – als Brennspiegel der deutschen Geschichte.

GDB

Operncafé, zu dicht am Gehsteig, zu dicht beieinander und, in Bezug auf die Neue Wache, genau falsch herum.

Wie heftig umstritten die Fassung von 1993 war, wer sich warum gegen die summarische und ungenaue Inschrift wandte, wer die 34-fache Vergrößerung der 1937 in kleinem, privatem Format aus Ton geformten Kollwitz-Skulptur kritisierte, kann anderswo nachgelesen werden. In der Wache lässt sich jedenfalls erkennen, dass der kühle, feinlinige, abstrakte Raum Tessenows und die schwere Bronzefigur kein ästhetisch kohärentes Ganzes bilden und dass auch die Aussagen von Skulptur, Raum und Inschrift nicht kohärent sind: Ob es um unterworfene, wehrlose Opfer oder um aktive, fürs Vaterland gebrachte Opfer, die Tessenow und letztlich auch Kollwitz gemeint haben, gehen soll, bleibt im Unklaren. Außen an der Wache sind die zwei Bronzetafeln neben dem Eingang zu betrachten, die, als einziges Zugeständnis der

Literatur

Die Neue Wache als Gedächtnisstätte für die Gefallenen des Weltkrieges. Berlin 1931.

Hans-Joachim Kunst: Schinkels Neue Wache in Berlin. In: Jahrbuch für Architektur 1981/82, S. 13–23.

Daniela Büchten (Hg.): Im Irrgarten Deutscher Geschichte. Die Neue Wache 1818 bis 1993. Berlin 1993.

Feßmann, Jörg (Red.): Streit um die Neue Wache. Berlin 1993.

Christoph Stölzl (Hg.): Die Neue Wache unter den Linden. Berlin 1993.

Robert Halbach (Hg.): Nationaler Totenkult: Die Neue Wache. Berlin 1995.

Berlin

Schauspielhaus

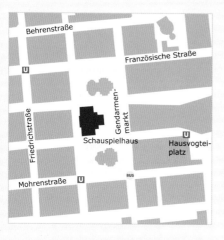

Entwurf   seit 1817
Ausführung   1818–21
Umbauten   1883
(Felix Genzmer)   1905
(Hans Grube)   1935
Kriegszerstörung   1945
Veränderter Wiederaufbau als
Konzertsaal   1979–84
(Baudirektion Berlin, Manfred Prasser)

Das 1818–21 auf dem Gendarmenmarkt errichtete Schauspielhaus stellt als städtebauliche, funktionale und gestalterische Einheit eines der Meisterwerke Schinkels dar: Städtebaulich fügt es sich in die strenge Rasterung der Friedrichstadt (um 1700). Mit seinem kreuzförmigen Baukörper und seinen Giebeln, dem Portikus und der hohen Freitreppe verklammert es die beiden motivisch verwandten Turmbauten des Deutschen und Französischen Domes von Carl von Gontard (1781–1785) zu einer spannungsvollen Gruppe. Als Bauaufgabe spiegelt es den aufklärerisch-bürgerlichen Anspruch der Bühne als »moralische Anstalt« (Schiller 1784), die den öffentlichen Raum in Form eines modernen Tempels der Kunst besetzt. Seine vielfältigen Funktionen hat Schinkel nach modernen Erfordernissen organisiert und gestalterisch ausformuliert. Das revolutionäre Gliederungssystem, die klaren geometrischen Proportionen, der klassische Dekor und die mythologischen Bildprogramme verweisen auf das humanistische Neugriechentum des deutschen Idealismus, das auch im Eröffnungsprogramm mit Goethes Prolog und der Aufführung seiner »Iphigenie« im Mai 1821 anklang.

Vorgängerbauten an gleicher Stelle waren das Französische Komödienhaus (1774–76 von Johann Boumann d. Ä. und Georg Christian Unger), das sich nach dem Tod Friedrichs des Großen zum deutschsprachigen »Nationaltheater« weiterentwickelt hatte und der 1800–1802 von Carl Gotthard Langhans für Schauspiel und Oper errichtete Neubau mit 2.000 Plätzen, der 1817 einem Brand zum Opfer fiel. Der quergestellte Langhansbau – wegen seines hohen Bohlendaches vom Volksmund gern als »Sargdeckel« verspottet – folgte im Aufriss dem Typus eines Stadtpalais mit niedrigem Sockel, Hauptgeschoss und Mezzanin, dessen Mitte durch einen sechssäuligen ionischen Portikus hervorgehoben war: Nichts deutete auf die Funktion eines Theaters, denn Bühne, Zuschauerraum, Foyer

Ansicht von Osten, heutiger Zustand

und ovaler Konzertsaal waren quer hinter der Fassade aufgereiht. Schinkel forderte stattdessen, »dass der Charakter des Gebäudes sich von außen vollkommen ausspreche und das Theater durchaus nur für ein Theater gehalten werden kann«.

Aus Sparsamkeitsgründen musste er Fundamente, Grundmauern und auch die Säulen des ionischen Portikus wiederverwenden. Dies gelang, indem er auf den Baulinien des Vorgängerbaues ein Querhaus ausbildete, dessen Schmalseiten mit flachen Giebelfassaden abschließen, so dass es gleichsam durch den längsgerichteten Haupttrakt hindurch gesteckt erscheint. Die klare Dreiteilung des Baukör-

Ansicht von Nordosten (Sammlung Architektonischer Entwürfe, 1821)

Ansicht von Nordosten, 1945

pers markiert drei Funktionsbereiche mit jeweils (auch hinsichtlich des Brandschutzes) getrennten Erschließungen. Im linken Flügel war der zweistöckige, von schmalen Emporen umzogene Konzert- bzw. Festsaal untergebracht, im rechten auf drei Stockwerken die gesamte »Theaterökonomie« mit Verwaltungs- und Proberäumen, Garderoben, Magazinen und Werkstätten. Die Mitte nahmen Foyers, Zuschauerraum und Bühne ein. Der gewöhnliche Zugang – häufig kritisiert – erfolgte nicht über die große Freitreppe, die auf dem Parterreumgang landete, sondern durch die Unterfahrt und Fußgängerportale im Sockelgeschoss, wo sich auch die Kassen, Vestibüle und Treppenhäuser befanden. Der auf 1.600 Plätze reduzierte Zuschauerraum näherte sich dem von Friedrich Gilly (1798/99), Langhans (1809) und Schinkel selbst 1813 vorgeschlagenen Halbkreis des antiken Theaters mit seiner »demokratischen« Sitzordnung, optimalen Sicht und Akustik. Der höfische Charakter war deutlich reduziert: Vier Ränge mit umlaufenden Galerien, hinter denen die zurückhaltend gestalteten Logen angeordnet waren, wurden von extrem schlanken gusseisernen Säulchen abgestützt. Die Königsloge trat im ersten Rang nur als Balkon mit purpurrotem Baldachin hervor. Die Decke schmückte nach antikem Vorbild ein halbkreisförmiges gemaltes Sonnensegel (velum) vor blauem Grund. Die Bühne selbst

stellte einen Kompromiss zwischen der modernen flachen Sprechbühne und der illusionistischen barocken Perspektivbühne dar. Nach außen traten Foyer und Zuschauerraum weit, die Hinterbühne flach vor das Querhaus. Durch erhöhten Portikus, monumentale Zweitgiebel, durchlaufendes Satteldach und umlaufende Pfeilerordnung wurde der tempelförmige Hauptbaukörper herausgehoben.

Die Pfeilerordnung mit horizontalem Gebälk bindet alle Teile zu einem homogenen Gliederbau zusammen, der geschlossene Massen, Wandscheiben, sichtbare Wölbungen und Rundbögen meidet. Sie verkörpert erstmals im Schauspielhaus und fortan als typisches Schinkelmotiv an vielen seiner Bauten das tektonische System, das Schinkel damals in seinen Lehrbuchskizzen herausarbeitete und das am anschaulichsten die Idee einer modernen Rezeption altgriechischer Bauprinzipien verkörperte: Nicht primär in den Säulenordnungen, sondern im baukonstruktiven Prinzip der »geraden Bedeckung« wurde um 1820 das eigentümlich Griechische erkannt und in die Moderne des 19. Jahrhunderts transformiert. Ein direktes Vorbild für die – auch bauökonomisch günstigen – Mauerpfeiler (die Schinkel nach damaligem Sprachgebrauch als »Pilaster« bezeichnet,

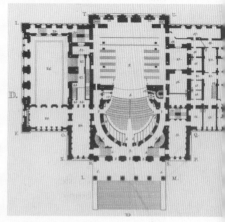

Grundriss des Hauptgeschosses
(Sammlung Architektonischer Entwürfe, 1821)

PERSPECTIVISCHE ANSICHT DES ZUSCHAUERRAUMES IM KÖNIGL. SCHAUSPIELHAUSE ZU BERLIN, VON DER SCENE AUS GESEHEN.

Zuschauerraum (Sammlung Architektonischer Entwürfe, 1826)

die aber keine Wandvorlagen darstellen) fand er in der Publikation »Antiquities of Athens«, Band II (1787) der englischen Bauforscher James Stuart und Nicholas Revett – passenderweise am Grabmal eines Athener Chorführers namens Thrasyllos (4. Jh. vor Chr.). Doch verzichtete er bei der Übernahme des Motivs auf die griechische Entasis (die fast unmerkliche plastische Schwellung der Pfeilerschäfte). Vielmehr interpretierte er seine Pfeiler im Sinne der zeitgenössischen rationalistischen Architekturlehre Jean-Nicholas-Louis Durands als anorganische, mechanisch gereihte Stützen und erhöhte auf diese Weise die kühle abstrakte Schönheit des graphischen Linienspiels.

Tektonisch gesehen setzten sich die erst jetzt in präziser Linienführung kannelierten, vom Langhans-Bau stammenden Säulen des Kolossalportikus in der großen Pfeilerordnung fort, die den ganzen Bau-

körper umzieht und von einem durchlaufenden Gebälk mit Architrav, Fries und Gesims gedeckt wird. Auf diesem sitzen die flachen Zelt- bzw. nach innen entwässerten Pultdächer auf. Die große Ordnung rahmt Füllwände, die ihrerseits in kleinere, aufeinander gesetzte Pfeilerordnungen mit je eigenem Gebälk aufgelöst sind. Öffnungen sind nicht als Mauerdurchbrüche, sondern als Zwischenräume definiert, voll verglast oder durch Wandtafeln geschlossen, die frei zwischen die Stützen eingestellt scheinen. Griechische Tektonik prägte auch die Innenräume, insbesondere die Foyers. Indem Schinkel die Gebälke der Kassettendecken auf die toskanischen Pfeilervorlagen oder dorischen Halbsäulen ableitete, dominierte auch im Inneren die Illusion eines komplexen Gerüstbaus, der lediglich durch Trennwände unterteilt wird. Die Tektonik bleibt aber baukonstruktiv eine Fiktion, denn als Ziegelbau besitzt das

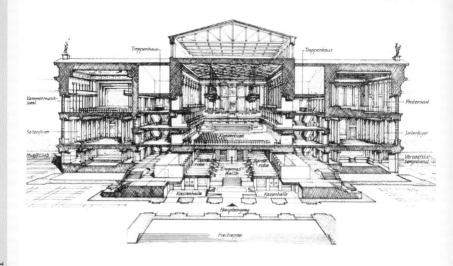

Manfred Prasser, Perspektivischer Schnitt der Wiederaufbauplanung 1979–84

Schauspielhaus selbstverständlich homogene tragende Wandteile und konnte – schon der Brandsicherheit wegen – auf versteckte Wölbungen nicht völlig verzichten. Der »griechische« Charakter wurde ursprünglich auch durch einen fast weißen, die Materialität von Marmor suggerierenden Verputz unterstrichen, so dass sich der Bau zu Schinkels Zeiten strahlend aus dem Häusermeer hervorhob.

Heute ist vom Schinkelbau nur die – großenteils erneuerte – Außenhülle übrig. 1883/84 wurde der helle Putz durch eine Sandsteinverkleidung ersetzt, die einen monumentalen Natursteinbau vortäuscht. Das Bühnenhaus wurde mehrfach umgebaut und 1888/89 durch eine Stahlkonstruktion ertüchtigt. Schon 1852/53 war die heitere weiß-goldene Farbfassung des Zuschauerraums durch einen lindgrünen Anstrich ersetzt worden. 1904/05 erfolgte unter Leitung von Felix Genzmer – gegen massive Proteste des Berliner Architekten- und Ingenieurvereins – ein völliger Umbau des Inneren im neubarocken Zeitgeschmack, der dem gesteigerten Repräsentationsbedürfnis des Kaiserreiches entsprach. 1935 wurde unter Gustav Gründgens durch Hans Grube nicht nur die Bühne radikal modernisiert und über eine Brückenkonstruktion mit dem Häuserblock der Charlottenstraße verbunden, sondern auch der Zuschauerraum samt den Vorsälen des Konzertsaales annähernd auf das Erscheinungsbild der Schinkelzeit zurückgeführt.

In den letzten Kriegsjahren durch Bomben und Brandlegung der SS schwer zerstört, blieb der Bau bis zur Enttrümmerung und völligen Entkernung seit 1979 eine Ruine. Die Partei- und Staatsführung sowie der Ostberliner Magistrat hatten im April 1976 nach Vorschlägen des Chefarchitekten Roland Korn und der verantwortlichen Institutionen beschlossen, im Rahmen des Wiederaufbaus des Gendarmenmarktes zum »geistig-kulturellen Mittelpunkt der Kunst und Wissenschaft« in der DDR-Hauptstadt die Hülle des Schauspielhauses für den Neubau des zentralen Konzertsaals (einschließlich Kammermusiksaal, Probensaal und Musikclub) zu nutzen.

Der Komplex, der 1984 eröffnet wurde, entstand über neuen Fundamenten als selbsttragende Stahlgerüstkonstruktion in den Schinkelschen Achsmaßen. Im äußeren Erscheinungsbild gelang eine hervor-

Großer Konzertsaal, 1986

ragend authentische Reparatur, die Ergänzungen erkennbar macht, ohne die künstlerische Einheit preiszugeben. Fragwürdig bleibt die keineswegs postmodern gemeinte Phantasmagorie des Inneren: Die Option, den Neubau als moderne Kontrastarchitektur in die historische Hülle einzupassen, wurde schnell aufgegeben. Stattdessen sind die völlig neu entwickelten Räumlichkeiten dem vermeintlichen Geiste Schinkels nachempfunden: Sein zierlicher Konzertsaal aus dem südlichen Seitenflügel lieferte bis hin zur Stuckdekoration und weiß-goldenen Farbfassung das Vorbild für den im blow-up-Verfahren auf fünffache Dimensionen vergrößerten Konzertsaal. Auch Eingangshalle, Nebensäle, Aufgänge und Foyers einschließlich ihres malerischen und plastischen Wandschmucks geben sich »schinkelesk«. Zweifellos stellt der historisierende Neubau eine große organisatorische, technische und handwerkliche Leistung dar. Er entsprach dem in der damaligen DDR üblichen und heute auch im Nachwendedeutschland weitverbreiteten Bedürfnis, öffentlichen Räumen »in Anlehnung an das architektonische Erbe einen festlichen Glanz zu verleihen« – so der Generaldirektor der Baudirektion Berlin bei der Eröffnung 1984. Doch unterminiert die vage, überlieferte Tradition und feiertägliche Geschichtsanmutung willkürlich vermischende Denkmalphilosophie den kritischen Blick für authentische künstlerische Qualität und deren unwiederholbare historische Bedeutung: Bestenfalls eine Lösung »im Stile«, nicht aber »im Geiste« Schinkels (Falk Jaeger).   AvB

Literatur

Paul Ortwin Rave: Berlin I (Karl Friedrich Schinkel-Lebenswerk, Bd. 2). München/Berlin 1941, S. 88–138.

Manfred Prasser: Zum Wiederaufbau des Schinkelschen Schauspielhauses als Konzerthaus am Platz der Akademie in Berlin. In: Das Werk Schinkels und seine Bedeutung für die DDR, Berlin 1981.

Adalbert Behr/Alfred Hoffmann: Das Schauspielhaus in Berlin. Berlin 1985.

Falk Jaeger: Das Schauspielhaus in Ost-Berlin – Als wär's ein Stück von Schinkel. In: Bauwelt 13 (1985), S. 518–521.

Andreas Haus: Karl Friedrich Schinkel als Künstler. München/Berlin 2001, S. 185–207.

Berlin
Schlossbrücke

Entwurf	1819
Ausführung	1821–24
Figuren	1847–57
(von unterschiedlichen Künstlern)	
Umbauten	1912,
	1927/28
Kriegsschäden	1943–45
Wiederaufbau	1951–59
Rekonstruktion	1983

Die Schlossbrücke verbindet als monumentale Denkmalbrücke seit 1824 den Boulevard »Unter den Linden« auf voller Breite mit der Schlossinsel. In der barocken Stadt war der Lustgarten Teil der nicht öffentlichen höfischen Anlagen und eine Brücke in die Friedrichstadt demzufolge entbehrlich. Ein kleiner Steg, die »Hundebrücke«, führte vom Schloss in die Stadterweiterungen des 17. und 18. Jahrhunderts. Erst die Neuorientierung der Stadt nach Westen, die gestärkte Position des Bürgertums und der Plan zur Umgestaltung des Lustgartens zu einem öffentlichen Stadtraum machten eine ausformulierte Verbindung der Schlossinsel zur westlichen Vorstadt notwendig. Diese auf Befehl Friedrich Wilhelms III. bis 1824 hergestellte Verbindung wurde 1877 mit dem Durchbruch der Kaiser-Wilhelm-Straße (heute Karl-Liebknecht-Str.) und dem Bau der gleichnamigen Brücke als Durchgangsstraße nach Osten weitergeführt. Die städtebauliche Gesamtsituation entspricht demzufolge nur noch bedingt dem Konzept Schinkels.

Die Schlossbrücke fügt sich in das städtebauliche Konzept zur Aufwertung des Forum Fridericianum mit dem schon von Schinkel geplanten, aber erst 1851 errichteten Friedrichsmonument und dem Bau der Neuen Wache mit den zugehörigen Standbildern. Die Schlossbrücke stellt die repräsentative Verbindung des Forum mit der Residenz her. Die Brücke erhielt nicht zuletzt deswegen die »vielleicht von keiner anderen Brücke übertroffene Breite von 104 Fuß« (Schinkel), um eine würdige Zufahrt zum Schloss zu erreichen. Die Fahrbahn wird beiderseits von einem aufwändigen Geländer aus durchbrochener Eisenguss-Arbeit mit arabeskenartig verschlungenen Seepferden, Tritonen und Delphinen begrenzt. Diese ungewöhnliche Lösung ist ein Zeugnis der hochstehenden Eisenguss-Technologie im Berlin des frühen 19. Jahrhunderts. Die Platten sind zwischen jeweils vier Sockel aus fein polierten

Ansicht von Südwesten, heutiger Zustand

roten Granitquadern eingespannt, auf denen Postamente aus schlesischem Marmor stehen. Diese waren schon 1819 von Schinkel für Standbilder »von Helden und Siegesgöttinnen« vorgesehen. Das Statuen-

programm wurde jedoch erst nach dem Regierungsantritt von Friedrich Wilhelm IV. in den Jahren nach 1842 realisiert. Die in engster Anlehnung an antike Vorbilder und mit einer einheitlichen Höhe von 2,51

W. Loeillot, Die aufgeklappte Brücke von Südwesten mit Altem Museum und Dom, um 1835

Die kriegszerstörte Brücke 1945

Metern geschaffenen Standbilder orientieren sich inhaltlich weitgehend an Schinkels Vorstellungen und zeigen in der Erinnerung an die Befreiungskriege den Kampf und Tod junger Helden, die von Göttinnen begleitet werden. Die Figuren wurden von Bildhauern aus der Rauch-Schule geschaffen und bis 1857 aufgestellt.

Mit seinem Entwurf greift Schinkel das Konzept der monumentalen Denkmalbrücke in der Pons et Via triumphalis auf, wie es schon mit der Karlsbrücke in Prag, in Rom mit dem Figurenprogramm auf der Engelsbrücke durch Bernini (1669–71), ebenso in Würzburg oder Dresden vorgeprägt war.

Das von Schinkel publizierte Idealkonzept konnte 1824 aus schifffahrtstechnischen Gründen nicht vollständig realisiert werden. Das mittlere Brückenfeld musste als Klappbrücke für die Durchfahrt der Schiffe geöffnet werden. Dadurch entfiel der gemauerte Bogen und die Pfeiler wurden verstärkt.

Im Jahr 1912 wurde diese Situation mit einem Stahlbetonbogen zugunsten des ursprünglichen Entwurfs von Schinkel verändert, wobei allerdings das mittlere Bogen-

Fragment des Brückengeländers im Lustgarten

38

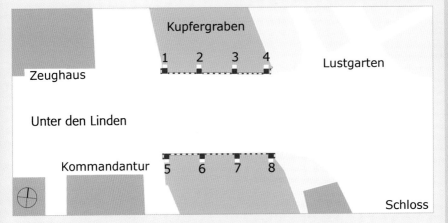

Aufstellung der Skulpturen auf der Brücke

1 Ludwig Wichmann: Nike richtet den Verwundeten auf (1853)
2 Albert Wolff: Der Jüngling wird von Athena in den Kampf geführt (1853)
3 Gustav Blaeser: Der junge Held wird von Athena beschützt (1854)
4 August Wredow: Iris trägt den gefallenen Krieger zum Olymp empor (1857)

5 Emil Wolff: Nike lehrt den Knaben Heldensagen (1847)
6 Hermann Schievelbein: Athena unterrichtet den Jüngling im Waffengebrauch (1853)
7 Karl Heinrich Möller: Athena bewaffnet den Krieger (1851)
8 Friedrich Drake: Nike krönt den Sieger (1853)

feld einen höheren Stich erhielt, als Schinkel dies vorgesehen hatte. Pläne der Nationalsozialisten, die Brücke für ihre Ost-West-Achse zu verbreitern, wurden nicht mehr realisiert.

Im Zweiten Weltkrieg wurde die Brücke, besonders die gusseisernen Gitter und die Postamente, schwer beschädigt. Die Figuren waren schon im Jahr 1943 abgebaut und eingelagert worden. Sie blieben nach der Teilung der Stadt im Westen und wurden nach ihrer Restaurierung seit 1978 am Halleschen Ufer gezeigt. Die Kriegsschäden an der Schlossbrücke selbst wurden in den fünfziger Jahren repariert. Die Marmorpostamente wurden abgebaut und durch sandsteinverkleidete Pfeiler ersetzt. Die Geländer wurden weitgehend rekonstruiert. Nur die preußischen Adler wurden abmontiert. Nach Rückführung der acht Figuren im Jahr 1981 wurden die Postamente im Sinne Schinkels in Granit und Marmor rekonstruiert und die Standbil-

der auf ihre angestammten Plätze zurückgebracht. Derzeit werden die wertvollen, dem Schmutz des Straßenverkehrs ungeschützt ausgesetzten Figuren in einem aufwändigen Verfahren restauriert.

Nach der weitgehenden Rekonstruktion von 1983 präsentiert sich die Schlossbrükke heute optisch ungefähr in dem Zustand, der mit den Umbauten von 1912 erreicht war. Der Gesamteindruck gibt den Entwurf Schinkels wieder, die eingreifenden Veränderungen im Mittelfeld der Brücke, die weitreichenden Ergänzungen in der plastischen Ausstattung der Geländer und Postamente, hier besonders das andersartige Material und der veränderte Fugenschnitt, weichen gleichwohl nicht unerheblich von dem monumentalen Entwurf ab, den Schinkel seinem König vorgeschlagen und auch selbst gesehen hatte.   JC

Literatur

Peter Springer: Schinkels Schloßbrücke in Berlin, Zweckbau und Monument, Frankfurt am Main 1981.

Berlin | Schlossbrücke

39

Berlin

Friedrichswerdersche Kirche

Entwürfe	1817–24
Ausführung	1824–30
Umbauten	1844–45
(Friedrich August Stüler)	
Restaurierung, Umgestaltung	
des Innenraumes	um 1914
Kriegsbeschädigung	1945
Sicherung der Ruine	1950er Jahre
Wiederherstellung	1979–87
Wiedereröffnung als Filiale der	
Nationalgalerie	1987
Restaurierung	1998–2000

Als die Kirche am Werderschen Markt von Karl Friedrich Schinkel 1830 fertiggestellt wurde, war sie der erste Sakralbau Berlins seit dem Mittelalter, der nach außen unverputzte Backsteinwände zeigte. Mit seiner klassizistisch geprägten Neugotik beeinflusste das Gebäude die Entwicklung des preußischen Backstein-Stils, der um die Jahrhundertmitte zu voller Blüte gelangen sollte. Die Entwurfsgeschichte zeigt das Ringen um eine moderne Form des Kirchenbaus im ersten Drittel des 19. Jahrhunderts.

Seit 1700 hatte der deutschen und französischen Gemeinde des Friedrichswerders das alte Reithaus am Werderschen Markt als Kirche gedient. Als König Friedrich Wilhelm III. nach dem Ende der napoleonischen Kriege nach Berlin zurückkehrte, sollte im Rahmen eines umfangreichen Programms zur Wiederherstellung der Kirchen der Stadt auch dieses Bauwerk erneuert werden. Die Oberbaudeputation beschrieb 1813 die Sachlage in einem Gut-

achten. Schinkel zeichnete 1817 auf einem Plan zur Neugestaltung der städtebaulichen Situation zwei Neubauten für die deutsche und die französische Gemeinde ein. 1820 fertigten der Hofbauinspektor Johann Gottlieb Schlaetzer und der Archäologe Aloys Hirt im Auftrag des Königs Entwürfe in antiken Stilformen an, die Schinkel zur Begutachtung vorgelegt wurden. Schinkel fügte einen eigenen Vorschlag hinzu, der einen von korinthischen Säulen umgebenen antiken Tempel nach römischem Vorbild zeigt. Bis auf den Turm, der auf der Rückseite angefügt werden sollte, war der Entwurf von einem strengen Klassizismus bestimmt, wie er zu dieser Zeit vor allem in England üblich war. Große Ähnlichkeit bestand aber auch zu La Madeleine in Paris, einem unter Napoleon als Ruhmeshalle für die Armee begonnenen Bau, der seit 1814 auf Befehl König Ludwigs XVIII. als Kirche vollendet wurde.

Abweichend von allen bisherigen Vorschlägen forderte 1822 der Kronprinz Friedrich

Ansicht von Nordosten, heutiger Zustand

Wilhelm (IV.) für Berlin eine Kirche im »Mittelalterstil« und fertigte auch selbst Zeichnungen dazu an. Schinkel erarbeitete nun mehrere Entwürfe, auf denen neugotische und klassizistische Lösungen einander gegenüber gestellt wurden. Es ist beeindruckend, wie er die gleichen Entwurfsideen mit unterschiedlichen Stilmitteln umsetzte. So zeigt ein Entwurf den Innenraum der Friedrichswerderschen Kirche im »antiken Stil« mit Wandpfeilern, einer Teilung in selbständige Joche mit zentralisierenden Gewölben und einer großen Tiefenwirkung des Raumes, wie sie auch für den schließlich ausgeführten neugotischen Bau charakteristisch sind. Es werden hier erste Ansätze zu einem eklektischen Historismus deutlich, bei dem die Stile austauschbar sind. Nachdem der König 1824 zugunsten der zweitürmigen gotischen Variante entschieden hatte, begann man noch im selben Jahr mit den Bauarbeiten, die bis 1830 andauerten. Dabei stellte die Herstellung der zahlreichen und zum Teil sehr großen Formsteine eine besondere technische Herausforderung dar.

Der langgestreckte einschiffige Backsteinbau von fünf Jochen schließt mit einem fünfseitigen Chorpolygon. Die Außenwände sind einfach gehalten. Über einem geschlossenen Sockel öffnen sich große Maßwerkfenster zwischen schmalen Pfeilervorlagen, die über der Traufe in einfachen Fialen auslaufen. Die Südfassade zum Markt hin wird durch zwei Türme in kubischen Formen bestimmt, deren Obergeschosse von großen Schallöffnungen in rechteckigen Rahmen durchbrochen sind. Im Zwickel über dem doppeltorigen Eingangsportal war eine Figur des Erzengels Michael angebracht, die von Tobias Feilner nach Modellen von Ludwig Wichmann aus Terrakotta hergestellt wurde. Die Türen mit Engelstondi bestanden ebenso wie die durchbrochene Brüstung der Attika aus Gusseisen. Der Innenraum wird von vierteiligen Kreuzrippengewölben überspannt. Alle Lasten werden durch breite, nach innen

Inneres nach Norden, heutiger Zustand

gezogene Wandpfeiler aufgenommen, zwischen denen sich hölzerne Emporen mit spitzbogigen Arkaden zum Schiff hin öffnen. Durch die Wandpfeiler-Lösung gelang es Schinkel, die Emporen, die die Innenräume vieler protestantischer Kirchen verstellten, in das architektonische Gesamtbild einzufügen. Die Lichtführung im Innenraum verriet den Maler von Bühnendekorationen. Während die Scheiben im Langhaus klar waren, setzten die Fenster weit hinten im Chor farbige Akzente.

Zahlreiche Elemente unterstreichen die klassische Schlichtheit des Baus. Die Türme enden stumpf, die Fialen sind glatt und schmucklos, das Dach der Kirche ist flach geneigt und hinter einer Attika verborgen. Der Akanthus-Fries unter dem Traufgesims, die Kapitelle am Hauptportal und die Stuckreliefs in den Fensternischen sind mehr antikisch als gotisch empfunden. Die Wandflächen im Innenraum wurden verputzt und mit einer Hausteinimitation bemalt, die ebenfalls mehr dem antiken opus isodomum verpflichtet ist als den Natursteinmauern der süd- und mitteldeutschen Kathedralbauten.

Die geklärte, gewissermaßen klassizistisch geprägte Gotik der Friedrichswerderschen Kirche mit klaren Formen und Flächen und antikisierenden Profilen und Details hat nichts zu tun mit der hochgotischen, am Kölner Dom, an der Westfassade des Straßburger Münsters und am Turmbau des Freiburger Münsters orientierten Formensprache, die Schinkel in früheren Jahren für den Entwurf für ein Grabmal der Königin Luise von 1810, in seinem Gemälde »Gotischer Dom am Wasser« von 1813 oder in seinen Entwürfen für einen Dom als Denkmal der Befreiungskriege von 1814 verwendet hatte. Diese national verstandene Gotik war Ausdruck der Hoffnung auf politische Erneuerung in Deutschland gewesen. Nach dem Scheitern der Einigungsbestrebungen distanzierte sich Schinkel zunehmend von dem romantischen Gedankengut und wandte sich unter Einfluss

des Berliner Professors Karl Wilhelm Ferdinand Solger den Idealen der Antike zu.

Weitere Einflüsse kamen aus dem fortschrittlichen England. Nach Schinkels eigenem Zeugnis nahm er die spätgotischen Kapellenbauten der englischen Colleges zum Vorbild für die Friedrichswerdersche Kirche. 1819 zeigten seine Entwürfe zum Neubau einer Kirche auf dem Spittelmarkt bereits den Versuch, aus der Backsteingotik der norddeutschen Tiefebene, den Kirchenbauten des italienischen Trecento und eben englischen Beispielen einen neuen Kirchentypus zu formen. Das Vorbild der Marienburg in Westpreußen spielte dabei eine besondere Rolle.

Als Vorbild für einen neuen Typus des protestantischen Kirchenbaus stieß die Friedrichswerdersche Kirche jedoch auf die Kri-

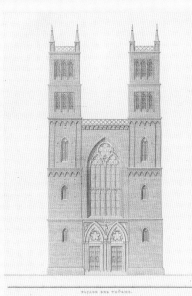

Fassade und Grundriss
(Sammlung Architektonischer Entwürfe, 1826)

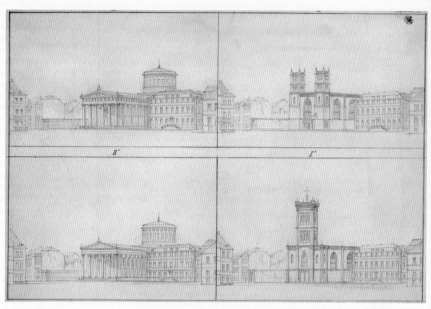

Entwurfsalternativen im griechischen und römischen Stil, als neugotische Zweiturm- und als Einturmfassade, 1823

tik der Zeitgenossen. Insbesondere die flachen Dächer der Türme führten zu Irritationen. Drei Jahre nach Schinkels Tod ging man daran, die vermeintlichen Missstände

zu beseitigen. Schäden an den Langhaus-Fialen nahm man zum Anlass, »gotischere«, mit Krabben und Kreuzblumen besetzte Fialen nach dem Entwurf von Friedrich August Stüler aufzuführen. Die Fialen auf den Türmen wurden abgebrochen, um Platz für neue Spitzhelme zu schaffen. Keiner der zahlreichen Entwürfe dafür wurde jedoch umgesetzt.

Bereits Ende des 19. Jahrhunderts wurde diskutiert, ob man nicht in Anerkennung der Schinkelschen Leistung den Bau auf den ursprünglichen Zustand zurückführen müsse. Besonders Hermann Blankenstein, der zahlreiche Kirchenbauten in Berlin restaurierte, setzte sich für eine Wiederherstellung des Schinkelschen Entwurfes ein. Die Gemeinde hatte jedoch andere Bedürfnisse. Mit Spendengeldern ließ sie um 1914 den Innenraum im Geschmack der Zeit neu gestalten. Auch die Langhausfenster erhielten nun farbige Gläser, die Eichenemporen wurden mit einer Mahagoni-Lasur überzogen und der Anstrich der Wände erfolgte in dunkleren Farben. Die beschädigte Figur des Erzengels Michael am Ein-

Die beschädigte Kirche 1948

gangsportal ersetzte man durch eine Kopie aus Kupfer.

Im Zweiten Weltkrieg wurden das Südfenster, Teile des westlichen Turmes und das Maßwerkfenster des letzten Langhausjoches sowie die Sakristei stark beschädigt. Bis auf die Chorfenster, die während des Krieges ausgelagert worden waren, gingen alle Fenster verloren.

In den sechziger Jahren begann man damit, in den Keramikwerkstätten von Hedwig Bollhagen Formsteine für die verlorenen Maßwerke herstellen zu lassen. Die stark beschädigten Vierpass-Geländer zwischen den Fialen wurden durch eine Stahlkonstruktion in den alten Formen ersetzt.

1979 beschloss man, das Äußere der Friedrichswerderschen Kirche zu restaurieren, um damit zur 750-Jahrfeier der Stadt (1987) das städtebauliche Umfeld des Palastes der Republik und des Staatsratsgebäudes der DDR aufzuwerten. Man entschied sich, die notdürftig vermauerten Fenster wieder zu öffnen, neues Maßwerk einzusetzen und die Fialen auf dem Langhaus und auf den Türmen gemäß dem Schinkelschen Entwurf wieder herzustellen. Die Stülerschen Fialen, von denen noch sechs vollständig erhalten waren, wurden abgeräumt. Darüber hinaus wurden an dem Bauwerk rund 60.000 schadhafte Normalsteine ausgetauscht. Die Innenausstattung wurde weitgehend erneuert. Die bemalten Chorfenster, die man in Kisten verpackt im Berliner Dom gefunden hatte, wurden wieder eingesetzt. Das Konzept zur Wiederherstellung des Schinkelschen Zustandes erforderte die Beseitigung aller späteren Nutzungsschichten. Man orientierte sich bei der Rekonstruktion vor allem an der Idealansicht aus den »Architektonischen Entwürfen« und verzichtete daher auf eine Wiederherstellung der für die ursprüngliche Doppelnutzung durch zwei Gemeinden vorgesehenen Einrichtungen. Materi-

Hauptportal mit Erzengel Michael, heutiger Zustand

almangel und moderne Bautechnik erforderten allerdings manchen Kompromiss bei der Nachschöpfung der Schinkelschen Einzelformen und Details. Die Rekonstruktion des Innenraumes zog sich bis 2001 hin. Trotz der vielen Ergänzungen, die von den tatsächlichen historischen Zuständen des Bauwerkes abweichen, gibt das Gebäude, das heute die Sammlung von Skulpturen des 19. Jahrhunderts der Staatlichen Museen beherbergt (täglich 10–18 Uhr), einen großartigen Eindruck von der Baukunst der Schinkelzeit.   SB

Literatur

Leopold Giese: Schinkel's architektonisches Schaffen 1. Die Friedrichs-Werdersche Kirche. Berlin 1921.

Paul Ortwin Rave: Berlin I (Karl Friedrich Schinkel-Lebenswerk, Bd. 2). Berlin 1941, S. 254–300.

Michael Snodin: Karl Friedrich Schinkel. A universal man. New Haven/London 1991, S. 23, 168–169.

Martina Abri: Die Friedrich-Werdersche Kirche zu Berlin. Berlin 1992.

Erika Schachinger: Die Berliner Vorstadt Friedrichswerder. Köln 1993.

Bernhard Maaz: Friedrichswerdersche Kirche in Berlin. München/Berlin 2003.

Berlin

Altes Museum

Entwurf	1822–23
Baubeginn	1824
Eröffnung	1830/31
Endgültige Fertigstellung	1861
Brückenbau zum Neuen Museum	1844/45
Heizung, Glasdächer, Veränderung der Ausstattung	1878–85
Veränderung der haustechnischen Anlage	1903, 1935
Kriegszerstörung/Brand	1944/45
Wiederaufbau und Neueinrichtung	1958–66
Restaurierungen und Baumaßnahmen	1980/81, seit 1991

Das Alte Museum zählt neben der Neuen Wache und der Bauakademie zu den Hauptwerken Schinkels in Berlin. An der Nordseite des Lustgartens gelegen, stand es einst dem Stadtschloss gegenüber.

Um diesen prominenten Bauplatz gewinnen zu können, waren umfangreiche Umstrukturierungen des Geländes notwendig: Schinkel verlegte zunächst die gesamte Packhofanlage von der Nordseite des Lustgartens an die Ostseite des Kupfergrabens. Zugleich ließ er diesen für die Schifffahrt verbreitern. Auf diese Weise konnte der bis dahin notwendige Verbindungskanal, der Pomeranzengraben, zwischen Kupfergraben und Spree trockengelegt und in sein Bett der größte Teil der Baugrube gesetzt werden. Infolge des schlechten Baugrunds musste das Museum auf einen Holzpfahlrost mit 3.053 Pfählen gegründet werden, die bis zu 16 m lang sind.

Mit diesem so konzipierten Abschluss der Nordseite des Lustgartens verwandelt Schinkel den früher mit barocken Parterres be-

setzten höfischen Garten und späteren Exerzierplatz in einen städtischen Platz und somit in einen öffentlichen Raum.

Das Alte Museum definiert erstmals und für lange Zeit verbindlich die Bauaufgabe »Museum«. In seinem Entwurfskonzept verbindet Schinkel mit der Säulenhalle (angelehnt an die nur durch Beschreibungen bekannte Stoa poikile in Athen) und der das Pantheon in Rom zitierenden Rotunde architektonische Motive der griechischen und römischen Antike. So spannt Schinkel den ganzen Horizont der bürgerlichen Bildung auf, der sich gleichberechtigt dem absoluten Herrscher im Schloss, der Kirche mit dem (alten) Dom und dem Militär im Zeughaus präsentiert. Die besondere Stellung der Bildung wird dabei durch die Aufsockelung des Gebäudes und die große lateinische Inschrift auf dem Fries hervorgehoben, die Schinkel selbst folgendermaßen übersetzte: »Friedrich Wilhelm III. hat dem Studium jeder Art Althertümer und der freien Künste diesen Ruheort gestiftet

Ansicht von Süden, heutiger Zustand

1828«. Fast ikonenhafte Bedeutung für die Architektur des frühen 19. Jahrhunderts mit Auswirkungen bis in die heutigen Zeit erreicht das weitläufige offene Treppenhaus, das die Lebenskultur der antiken Welt bedeutungsgeladen in das »Spreeathen« holen sollte.

Im Gegensatz zu dem hohen Anspruch der städtebaulichen Lösung und der repräsentativen Gestaltung der Hauptfassade bleibt der übrige Baukörper nachgerade schmucklos und zeigt sich mit seiner dreigeschossigen Gliederung funktionsbestimmt. Die schlichte, Quader imitierende Putzfassade ist zwar das Ergebnis des Wiederaufbaus nach dem Zweiten Weltkrieg, entspricht aber den Vorstellungen Schinkels.

Das Gestaltungsprogramm des Ausbaus schließt auch den heute noch sichtbaren Skulpturenschmuck mit ein. Aufgestellt waren bis zur Eröffnung des Museums 1830 allerdings nur die Adlerfiguren aus Sandstein nach Modellen von Christian Friedrich Tieck in den Säulenachsen über der Vorhalle und an den Ecken die Kandelaber haltenden Genien von Ludwig Wichmann (ebenfalls aus Sandstein) sowie die überlebensgroßen gusseisernen Dioskurengruppen auf den südlichen Eckpostamenten der Kuppelummantelung, wiederum von Tieck. Die Pendants auf der Nordseite, die Pegasusgruppen aus Zinkguss von Hugo Hagen und Hermann Schievel-

bein und die Bronzegruppen auf den Wangen der Freitreppe, Amazone mit Panther von August Kiss und Löwenkämpfer von Albert Wolff, wurden bis 1861 fertiggestellt. Ebenfalls erst nach der Eröffnung wurden der Bildzyklus an der Vorhallenrückwand und an den Wänden des oberen Treppenhauses nach den Entwürfen Schinkels ausgeführt (beide im Zweiten Weltkrieg zerstört).

Im Grundriss zeigt der Bau einen klar strukturierten Organismus von geradezu genialer Einfachheit. Eine querrechteckige Vierflügelanlage umschließt zwei Binnenhöfe und den zentralen Baukörper der Rotunde, der das Gebäude überragt.

Das Sockelgeschoss, durchgehend ausgestattet mit Ziegelgewölben, diente als massiver und feuersicherer Unterbau, der auf diese Weise von den darüber liegenden Geschossen abgetrennt ist. In ihm waren die Sammlungen der Kleinkunst, das Münzkabinett und das Antiquarium untergebracht, aber auch Werkstätten, Verwaltungs- und Nutzräume. Überdies waren hier die Brennstoffe gelagert und die russischen Öfen aufgestellt, die die Ausstellungsgeschosse über Kanäle und »Rauchröhren« beheizten.

Die beiden darüber liegenden Geschosse weisen die gleiche Grundrissstruktur auf, unterschieden sich allerdings ursprünglich in ihrer Binnengliederung:

47

Die Säle des ersten Ausstellungsgeschosses waren durch eine doppelte Säulenstellung ausgezeichnet, was nicht nur der Konstruktion, sondern auch der Gestaltung geschuldet war. Zusammen mit den Wandpilastern trugen sie die steinernen Unterzüge der Holzbalkendecke und dienten den Skulpturen, die hier aufgestellt waren, als Hintergrund. Das zweite Ausstellungsgeschoss war dagegen seit jeher als Gemäldegalerie stützenfrei konzipiert und ehemals durch Scherwände zwischen den Fensterachsen in Kabinette unterteilt, was in damaliger Zeit ein vollkommen neues Gliederungselement für eine Bildergalerie darstellte.

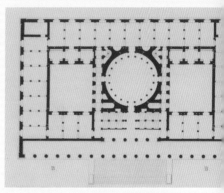

Grundriss des 1. Ausstellungsgeschosses (Sammlung Architektonischer Entwürfe, 1825)

Verbunden werden die beiden Ebenen über die der gesamten Südseite vorgelegte Säulenvorhalle, den zentralen, quadratischen Mittelbau mit der Rotunde und das offene Treppenhaus, das mit der Vorhalle durch eine zweite Säulenreihe räumlich verschmolzen ist.

Der räumlich und ideell wichtigste Raum im Alten Museum ist die Rotunde, die über ein Opaion, das von einem Oberlicht aus einer Glaseisenkonstruktion überdeckt ist, belichtet wird. Schinkel selbst bezeichnete die Rotunde als »Pantheon«. Von dem antiken Vorbild in Rom unterscheidet sie sich jedoch nicht nur durch ihre geringere Abmessung, sondern auch in Gestaltung und Proportion. Denn im Unterschied zu diesem ist dem ›Berliner Pantheon‹ ein Ring von 20 Säulen korinthischer Ordnung eingestellt. Dieser trägt ein umlaufendes Galeriegeschoss, das dem ersten Ausstellungsgeschoss entsprechend von der Nord- und Südseite zugänglich ist und auf der gleichen Höhe wie das zweite Ausstellungsgeschoss liegt.

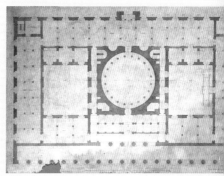

Ausgeführter Grundriss des 1. Ausstellungsgeschosses (Bestand 1873)

Der bereits von Schinkel selbst und bis heute in sämtlichen Publikationen zum Alten Museum veröffentlichte Grundrissentwurf von 1823 entspricht in einigen entscheidenden Details nicht dem ausgeführten Plan des Alten Museums. So wurden die beiden Durchgänge an der Ost- und Westseite der Rotunde von Schinkel nie-

mals realisiert. Diese Abweichung vom »Idealentwurf« steht ganz offensichtlich im Zusammenhang mit der Lage der Rotunde, die innerhalb der Vierflügelanlage durch das vorgelegte Haupttreppenhaus nach Norden verschoben ist. Um auch in der Ost-Westachse Türen realisieren zu können, sah Schinkel ursprünglich eine fünfachsige Fenstergliederung in den seitlich anschließenden Korridoren vor, die allerdings im Aufriss keine Übereinstimmung mit den übrigen Fenstergrößen der Hoffassaden gezeigt hätte. Mit den stattdessen ausgeführten drei Fenstern im Korridor, deren Anordnung und Öffnungsweite auf die Länge der Hofwand und die Fenster der übrigen Hoffassaden abgestimmt sind, ließ sich hier kein axialer Bezug zur Rotunde herstellen, sodass die Verbindung des zentralen Kuppelraumes mit den umliegenden Gebäudeteilen auf die Nord-Süd-achse beschränkt blieb. Die Lage der heutigen Durchgänge an der Ost- und Westseite, die bestimmt ist durch den späteren Einbau von Cafeteria und Garderobe in die angrenzenden Höfe, veranschaulichen dieses Missverhältnis.

Auch die übrigen Abweichungen vom Entwurf betreffen den Bereich der Rotunde, wobei zu beobachten ist, dass die Räume und Schächte im Rotundenmantel verkleinert wurden und damit die Konstruktion insgesamt massiver ausgeführt wurde. Erste Umbauten noch im 19. Jahrhundert zeigen, dass das Raumkonzept Schinkels

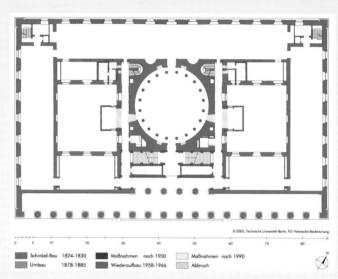

Grundriss des
1. Ausstellungsge-
schosses, Bauphasen
(v. Gaisberg/ Frase
2005)

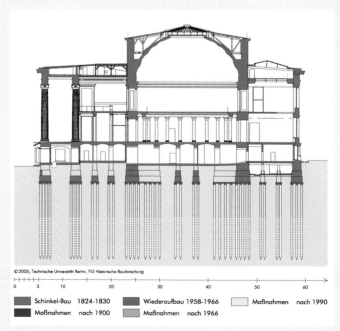

Schnitt Süd-Nord,
Bauphasen mit
Darstellung der
Pfahlgründung
(v. Gaisberg /Frase
2005)

49

1. Ausstellungsgeschoss, Nordsaal mit Zugang zum Brückenbau, 1943

1. Ausstellungsgeschoss, Nordsaal, 1966

nicht lange Bestand hatte. Durch den Bau des Neuen Museums 1843–46 nördlich des Schinkelbaus, mit dem Friedrich Wilhelm IV. den Ausbau des Geländes zur Museumsinsel, als »Freistätte für Kunst und Wissenschaft« begann, verlor das Alte Museum seine Solitärstellung. An seiner Nordseite wurde 1844/45 mit dem Anbau einer Verbindungsbrücke der Anschluss an das Neue Museum geschaffen und damit die Nordsäle beider Ausstellungsgeschosse in ihrer Raumwirkung entscheidend verändert.

Weitere Umbauten erfolgten zwischen 1878 und 1885. Dabei wurde anstelle der von den russischen Öfen gespeisten Warmluftheizung eine Heißwasserheizung und eine Lüftung eingebaut. Als größerer Eingriff ist aber der Einbau von Glasdächern über den Sälen des zweiten Ausstellungsgeschosses zu werten. Dabei wurde das Holztragwerk der Dächer durch Stahlkonstruktionen ergänzt oder ersetzt und zugleich die Dachlandschaft des Alten Museums verändert. Mit dieser Veränderung wurde auch das Konzept Schinkels, die Säle durch Scherwände zu unterteilen und nur über die Fenster seitlich zu belichten, aufgegeben. Die in der gleichen Zeit geplante Glas-Überdachung des östlichen Innenhofes kam allerdings nicht zur Ausführung.

In den folgenden Jahrzehnten blieb das Alte Museum von größeren Maßnahmen verschont. Zu erwähnen ist lediglich der Umbau der großen Freitreppe, wobei die aus Monolithen gearbeiteten doppelten

Sandsteinstufen durch einzelne Granitstufen ersetzt wurden. Zudem wurden in den Jahren 1903 und 1935 Baumaßnahmen an der Heizung und anderen haustechnischen Anlagen durchgeführt.

Zerstörungen und grundlegende Veränderungen der ursprünglichen Bausubstanz des Alten Museums brachte aber erst der Zweite Weltkrieg mit sich. 1944 durchschlug ein Bombentreffer im Bereich des Nordflügels, nahe der Nordwestecke die Decken der Ausstellungsgeschosse und riss eine Bresche in die Außenwand. Weitere Schäden verursachte 1945 ein mehrere Tage währender Brand, dem sämtliche Holzdecken der Ausstellungsgeschosse zum Opfer fielen. Überdies hatte sich dabei der gesamte Putz von den Wänden und der Rotundenkuppel sowie der Stuck von den Säulen im ersten Ausstellungsgeschoss gelöst; die Wandmalereien in der Säulenvorhalle waren weitgehend abgefallen und das Haupttreppenhaus war vollständig zerstört. Der Außenbau einschließlich der Säulen der Vorhalle waren durch Einschlusslöcher und Splitterschäden gezeichnet.

Erhalten blieben aber die massiven Konstruktionen wie das Ziegelmauerwerk der Wände und die gemauerten Gewölbe des Keller- und des Sockelgeschosses sowie die Rotundenkuppel, die Eisenkonstruktion des Kuppel-Oberlichts, die Säulenvorhalle einschließlich Gebälk und Kassettendecke sowie die Freitreppe.

Weitere Verluste brachte der Wiederaufbau von 1958 bis 1966 (erste Sicherungsmaßnahmen seit 1951) mit sich, der einer zukünftigen modernen Nutzung des Alten Museums Vorrang gab und eine vollständige Neugestaltung des Inneren vorsah.

Zur Gewinnung größerer Raumhöhen und zur besseren Raumausnutzung (Unterbringung der neuen Haustechnik) wurden die erhaltenen Gewölbe im gesamten Kriechkellergeschoss und großer Bereiche im Sockelgeschoss abgebrochen und stattdessen Stahlstein- sowie Stahlbetondecken eingezogen.

Für die Besucher sichtbarer sind jedoch die Veränderungen in den Ausstellungsgeschossen. Mit dem Ziel, moderne und möglichst vielseitig nutzbare Räume zu schaffen, sah man stützenfreie Säle vor. Demzufolge wurde die noch in Resten vorhandene Säulengliederung der Säle des ersten Ausstellungsgeschosses, ein wesentliches Element des Schinkelschen Entwurfs, nicht wieder hergestellt. Zudem wurde in den mittleren Bereich des Nordsaals ein modernes Treppenhaus eingebaut, das die direkte Verbindung der beiden Ausstellungsgeschosse ermöglichte. Wie der gesamte Ausstellungsbereich wurde auch die neue Treppenanlage betont zeitgemäß als freitragende zweiläufige Stahlkonstruktion und die Treppenhauswände im Durchgangsbereich als transparente Stahl-Glas-Konstruktion ausgeführt.

Massive Eingriffe in das ursprüngliche Konzept Schinkels stellen überdies die Türdurchbrüche in der Rotundenwand dar, die seither an der Ost- und Westseite aus der Mittelachse nach Süden verschoben als Zugang zu den neuen Einbauten in den Höfen (Garderobe und Café) dienen.

Im Gegensatz zu den Veränderungen in den Nutzbereichen des Museums wurden die Oberflächen der erhaltenen repräsentativen Teile des Schinkelbaus wie Säulenvorhalle und Rotunde wieder hergestellt und das zerstörte Haupttreppenhaus in seinem Erscheinungsbild, wenn auch in einer modernen Konstruktion, dem überlieferten Zustand weitgehend getreu rekonstruiert. Anstelle der nur in wenigen Resten erhaltenen Wandgemälde wurden in der Vor-

Blick von der Galerie der Haupttreppe in den Lustgarten
(Sammlung Architektonischer Entwürfe, 1831)

Carl Emanuel Conrad, Die Rotunde des Alten Museums, um 1834

halle mit einer einfachen Feldereinteilung und marmorierten Flächen der Zustand der Zeit vor 1841 teilweise wieder hergestellt und im oberen Treppenhauses die Bildfelder als undekorierte helle Flächen angelegt.

Auch am Außenbau war man bemüht, das bauzeitliche Erscheinungsbild wiederzugewinnen.

Neben der Erneuerung zahlreicher Bauteile wurden auch spätere Zutaten wie der Brückenbau zum Neuen Museum rückgebaut und die gesamten Putzflächen einschließlich der Quadergliederung wieder hergestellt. Abweichend vom ursprüngli-

chen Konzept erhielten allerdings die drei, bis dahin ebenfalls nur in Putz ausgeführten ›Nebenseiten‹ des Sockelgeschosses nun erstmals eine Verkleidung aus Sandsteinplatten.

Bei den umfassenden Restaurierungen 1980/81, die anlässlich des 200. Geburtstags Schinkels stattfanden, wurde der ursprüngliche Gipsestrich des Rotundenfußbodens nahezu vollständig durch einen vergleichbar gestalteten Zementestrich ersetzt und überdies der schadhafte Wandanstrich der Vorhallenrückwand erneuert. Um sich dem ursprünglichen Erscheinungsbild vor 1841 weiter anzunähern, ergänzte man nun auch die in den 1960er Jahren ausgesparte untere Einteilung mit marmorierten Feldern. Erst in dieser Zeit wurde zudem die im Zweiten Weltkrieg beschädigte Inschrift auf dem Fries, die in den 1960er Jahren hatte ersetzt werden sollen, restauriert und wieder vervollständigt.

Die Wiedervereinigung 1990 und die Neuordnung der Berliner Museen brachte auch im Alten Museum bauliche Veränderungen mit sich. Um den Nordsaal wieder als zusammenhängenden Ausstellungssaal nutzen zu können, wurde das in den 1960er Jahren eingebaute Treppenhaus abgebrochen und die Decke geschlossen. Einen Eingriff in die Konzeption Schinkels stellt der 1991 anlässlich der Rembrandt-Ausstellung erfolgte Einbau der Glasfront in die Interkolumnien der Säulenreihe zwischen Haupttreppenhaus und Säulenvorhalle dar, der einen geschlossenen Rundgang der Ausstellungsbereiche sichern soll.

Nach den Zerstörungen im Zweiten Weltkrieg wurden von Schinkels Museum nur der Außenbau und die repräsentativen Bereiche wie Vorhalle, Treppenhaus und Rotunde dem ursprünglichen Zustand weitgehend entsprechend wieder hergestellt. Dabei darf allerdings nicht vergessen werden, dass das Museum in seiner »Erstfassung« mit der Marmorierung der Sandsteinarchitektur, insbesondere der Säulenvorhalle, eine andere Farbigkeit zeigte. Der weitere innere Ausbau war orientiert an den Bedingungen, die an ein modernes Ausstellungsgebäude zu stellen sind. Im Hinblick darauf wurde noch bestehende Originalsubstanz in den Nutz- und Ausstellungsbereichen geopfert oder nicht wieder hergestellt. Verloren gingen dabei auch das ursprüngliche Ausstellungskonzept im ersten Ausstellungsgeschoss des Schinkelbaus. Dennoch blieben wesentliche Teile des Gebäudes erhalten, die uns noch Aufschluss geben über die Baukonstruktion, Bautechnik und Baupraxis der Schinkel-Zeit, aber auch über die Qualität der Ausführung, die von Schinkel stets gefordert wurde.

Schinkels Museum bleibt eine Inkunabel der Architektur des 19. Jahrhunderts, die sich sowohl durch den außergewöhnlichen Ansatz der architektonischen Lösung als auch durch baukonstruktive Besonderheiten auszeichnet. Die Verbindung zwischen außen und innen, die Säulenvorhalle und das offene Treppenhaus steht gleichsam auch für die Verknüpfung von Öffentlichkeit und Privatheit, denn hier wurden Preußens Kunstschätze erstmals als systematisch geordnete Sammlung ausgestellt und öffentlich zugänglich gemacht. Ein wesentliches Merkmal des Alten Museums ist die Verknüpfung anspruchsvoller Architektur mit genau definierten Nutzungsanforderungen. Die Umsetzung war geprägt von einem ständigen Ringen um kostengünstige und technisch umsetzbare Ausführungen der anspruchsvollen Architektur. Das erforderte innovative baukonstruktive Lösungen, die weitgehend im Verborgenen bleiben wie die Deckenkonstruktion der Säulenvorhalle, die Kuppelkonstruktion der Rotunde und deren Abschluss mit einer Glas-Eisenkonstruktion.   EvG / DS / JC

Literatur

Sabine Spiero: Schinkels Altes Museum in Berlin. Seine Baugeschichte von den Anfängen bis zur Eröffnung. In: Jahrbuch der Preußischen Kunstsammlungen 55 (1934) (Beiheft).

Paul Ortwin Rave: Berlin I (Karl Friedrich Schinkel-Lebenswerk, Bd. 2). Berlin/München 1941, S. 25–78.

Friedemann Seiler: Zerstörung und Wiederaufbau des Alten Museums. In: Das Alte Museum 1823–1966. Berlin 1966, S. 33–42.

Horst Büttner/Friedemann Seiler: Das Alte Museum in Berlin. Baugeschichte und Wiederaufbau, in: Deutsche Architektur 16 (1967), S. 84–89.

Christoph Martin Vogtherr: Das königliche Museum zu Berlin. Planungen und Konzeption des ersten Berliner Kunstmuseums. In: Jahrbuch der Berliner Museen 39 (1997) (Beiheft).

Wolf-Dieter Heilmeyer/Huberta Heres/Wolfgang Maßmann: Die Statuen der Rotunde im Alten Museum. Mainz 2003.

Elgin Röver: Arbeitsprozesse und technischer Standard bei der Pfahlrostgründung des Alten Museums in Berlin. In: Mittel und Wege. Zur Bedeutung von Material und Technik in der Archäologie, hrsg. von Astrid Dostert und Franziska Lang. Möhnesee 2006, S. 59–97.

Berlin | Altes Museum

Berlin
Lustgarten

Entwurf	1828
Ausführung	1829–33
Umgestaltung	1871
(Johann Heinrich Strack)	
Pflasterung	1934
Wettbewerbsverfahren für die	
Neugestaltung	1992
Neugestaltung (Hans Loidl)	1999

Der Lustgarten stellt in seinem heutigen Erscheinungsbild eine »kritische Rekonstruktion« der durch Schinkel geschaffenen Anlage dar.

Der Neubau des Alten Museums seit 1824 machte auch die Neugestaltung des Lustgartens notwendig, der zwar schon unter dem Großen Kurfürsten erstmals gärtnerisch angelegt worden war, unter dem Soldatenkönig Friedrich Wilhelm I. seit 1713 aber ein eher tristes Dasein als sandgedeckter Exerzierplatz führte. Mit dem Museum im Norden hatte das im Osten vom alten Dom und im Süden vom Schloss begrenzte Areal eine neue Qualität als städtischer Platz erhalten, der durch die neue Schlossbrücke zugleich zum repräsentativen Abschluss der sich zum Prachtboulevard entwickelnden Linden wurde.

Allerdings waren die Voraussetzungen eher ungünstig: Ebenso wie die Schlossbrücke nicht im rechten Winkel auf den Freiraum traf, umstanden ihn Schloss, Dom und das Museum zu unregelmäßig, um einer idealerweise auf Symmetrie und Axialität gerichteten Monumentalität zu genügen. Schinkel suchte deshalb eine Struktur, durch die ein »regelmäßiges Ganzes entstehen und die verschiedenen mehr oder minder abweichenden Winkel in den umgebenden Gebäuden ausgeglichen« werden sollten. Zunächst begradigte und rahmte er den Platz durch die Anpflanzung von Ahornbäumen. Vor allem die wenig repräsentativen Gebäude im Osten verschwanden hinter einer Baumwand. Der Säulenportikus des Doms, kurz zuvor ebenfalls durch Schinkel im klassizistischen Sinne umgestaltet, blieb dabei nicht nur sichtbar, auf ihn war auch eine der Wegachsen ausgerichtet und er avancierte von der Straße Unter den Linden aus durch eine bewusst gesetzte Lücke in der westlichen Baumreihe zum Sichtpunkt.

Die durch drei Kieswege geteilten Rasenflächen waren als rechteckige Figur angelegt, die sich in Ausrichtung und Breite klar auf das Museum bezog. Der Mittelweg zur hreit gelagerten Freitreppe vor der monumentalen Säulenhalle bildete die Symmetrieachse. Die Aufteilung des Mittelwegs südlich der Fontäne beruhte auf der Ausrichtung des östlichen Weges auf das Portal IV des Schlosses, das an dieser Seite kein Mittelportal aufwies.

Schinkels Projekt unterlag auch den stets knapp bemessenen finanziellen Mitteln. Der Garten, den er von kugelförmig geschnittenen Orangenbäumchen umstanden wünschte, wie er sie in den Tuilerien und im Jardin du Luxembourg in Paris gesehen hatte, erhielt Kugelrobinien, da der König nicht gewillt war, teure Orangenbäume zu kaufen. Weiterhin mussten die Rasenflächen umzäunt werden, wofür Schinkel ein »leichtes eisernes Flechtwerk« entwarf. Verwirklichen konnte er einen von zwei geplanten Brunnen, dessen eindrucksvolles Wasserspiel der von Mosaik umgebenen Fontäne aus einer gusseisernen »Wasserpflanze« ca. 14 m hoch emporschoss. Um den nötigen Wasserdruck erzeugen zu können, wurde das Wasser mit Hilfe einer Dampfmaschine in ein Reservoir auf das Dach des Museums gepumpt und von dort zum Brunnen geleitet. Der Betrieb war zwar kostspielig, stellte aber auch eine große technische In-

novation dar. Erhalten blieb die Auslassöffnung des Wasserabflusses in der Spreekanalmauer, die nach Schinkels Entwurf mit antikisierenden Delphindarstellungen geschmückte ›Grotte‹.

Nicht für den Lustgarten, sondern für die Rotunde des Museums selbst hatte Schinkel die 1826 bei dem Bauunternehmer Gottlieb Christian Cantian in Auftrag gegebene Granitschale – gearbeitet aus dem größten in der Umgebung bekannten Findling – vorgesehen. Nach Fertigstellung erreichte sie eine noch größere Dimension als geplant. Um die Skulpturen in der Rotunde nicht zu verdecken, wurde die größte monolithische Schale ihrer Zeit nach dem Wunsch Schinkels vor dem Museum präsentiert. Nach den langen Prozeduren des Transportes, Schleifens, Polierens, Aufrichtens und Umlegens, die an die technischen Möglichkeiten der Zeit grenzten, erfolgte 1831 die viel beachtete Aufstellung. Eine grundlegende Umgestaltung erfuhr der Lustgarten 1871 durch Johann Heinrich Strack mit der Aufstellung des Reiterstandbildes Friedrich Wilhelms III. an Stelle der Fontäne. Der Neubau des gewaltigen Domes 1894–1905 durch Julius Carl Raschdorff veränderte die Gewichtung der

Blick vom Dom, heutiger Zustand

ihn umstehenden Gebäude. 1934/35 vollzog sich eine radikale Umgestaltung zum gepflasterten Parade- und Aufmarschgelände der Nationalsozialisten, die Granitschale verbrachte man in die Grünanlage neben den Dom. 60 Jahre lang wurde diese Pflasterung beibehalten, nur die Granitschale kehrte 1981 wieder an ihren ursprünglichen Ort zurück.

Mit der Wiedervereinigung verstärkte sich der Ruf der Öffentlichkeit und der Vertreter der Museen nach einer zeitgemäßen Gestaltungslösung mit hoher Aufenthaltsqualität in der Berliner Mitte. Die Unvereinbarkeit der Zielstellung der folgenden Wettbewerbe, einerseits einen begrünten, ruhigen Freiraum zu schaffen und andererseits durch die Beibehaltung des Pflasters an den Aufmarschplatz des NS-Regimes zu erinnern, ließ trotz mehrerer Anläufe zunächst alle Konzepte scheitern. Zunehmend rückte der Wunsch nach einer historischen Rekonstruktion in den Vordergrund. Bemerkenswert ist dabei der

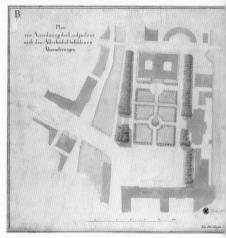

Entwurf zur Umgestaltung des Lustgartens, 1828

Rückgriff auf die Gestaltung Schinkels, obwohl bei der folgenden Ausgrabung sehr viel mehr Überreste der Strackschen Fassung als Reste aus der Zeit Schinkels zu Tage gefördert wurden. Schließlich fiel nach acht Jahren heftiger Diskussion 1998 die Entscheidung, den Landschaftsarchi-

Carl Daniel Freydanck, Das neue Museum am Lustgarten, 1838

Ansicht von Süden nach der Umgestaltung 1936

tekten Hans Loidl für eine Gestaltung des Lustgartens nach dem Vorbild Schinkels in moderner Sprache zu verpflichten.

Die Neugestaltung Loidls zielt nicht auf eine Nachbildung der dokumentierten Ausstattungsdetails Schinkels ab. Der heutige Brunnen bezieht sich auf die Portalachse des Raschdorffschen Domes und liegt damit nördlich zu seinem Vorbild versetzt. Um die Proportionen der Grünflächen nicht zu verschieben, wurde die gesamte Anlage verkleinert. Besonders abweichend ist die Setzung von unterschiedlichen Kübeln mit verschiedenen Blühpflanzen an Stelle der von Schinkel verwendeten einheitlichen Kugelrobinien. An die dichten Abpflanzungen zu Seiten des Lustgartens mittels Ahornbäumen erinnert heute eine Reihe Linden. Der Lustgarten strahlt nach seiner Fertigstellung 1999 mit seinen klaren Reminiszenzen an die Schinkelsche Fassung einen zeitgemäßen Charakter aus. Durch die erhöhten, leicht modellierten Rasenflächen und das Wasserspiel, das nicht der Schinkelschen Fontäne nacheifert, hat er mit den modernen Sitzmöglichkeiten eine neue Aufenthaltsqualität für seine Besucher zurückgewonnen. DSP

Literatur

Paul Ortwin Rave: Berlin II (Karl Friedrich Schinkel-Lebenswerk, Bd. 5). Berlin 1948 (Repr. 1981), S. 106–123.

Clemens Alexander Wimmer: Der Berliner Lustgarten. Geschichte und Neugestaltung. In: Die Gartenkunst 10 (1998), S. 281–299.

Markus Jager: Der Berliner Lustgarten. Gartenkunst und Stadtgestalt in Preußens Mitte. München/Berlin 2005.

Ansicht von Westen mit Brunnenauslass am Kupfergraben (Foto: Emil Römmler, um 1865)

Berlin
Bauakademie

Entwurf	1831
Ausführung	1832–36
Einrichtung des Schinkelmuseums in dessen vormaligen Wohnräumen	1844
Auszug von Gewerbe- und Bauakademie	1879
Kriegsbeschädigung	1945
Beginn des Wiederaufbaues	1951
Abbruch der Arbeiten	1953
Abriss der Ruine	1961/62
Bau des Außenministeriums der DDR	1963–66
Abriss des Außenministeriums	1995/96
Rekonstruktion der nordöstlichen Ecke	2002

Mit königlichem Erlass vom 6. Juli 1799 wurde in Berlin die Bauakademie gegründet. Vorausgegangen waren kurzlebige private Initiativen, die Architektenausbildung zu reformieren. Neben der »Architectonischen Lehranstalt« bei der Akademie der Künste, dem feudalen Prachtbau verpflichtet, sollte eine stärker an den praktischen Belangen der bürgerlichen Baukunst orientierte Ausbildungsstätte entstehen. Die Ausweitung der architektonischen Gestaltung auf alle öffentlichen Aufgabenbereiche, darunter auch Straßen- und Wasserbau (Brücken, Schleusen, Kanäle), sowie die ästhetische Aufwertung des Zweckbaus bestimmten das Programm der neuen »Allgemeinen Bauschule« von 1799. Zunächst war sie im Dachgeschoss des 1800 fertiggestellten Münzgebäudes am Werderschen Markt von Heinrich Gentz untergebracht.

1831, unmittelbar nach der Ernennung von Christian Peter Wilhelm Beuth zum Direktor der Bauschule, begannen nach Entwürfen Schinkels die Planungen für ein eigenes Gebäude auf dem Gelände des alten Packhofs am Westufer der Spree in der Nähe des Werderschen Marktes. Im April 1832 wurden die Bauarbeiten aufgenommen und der Neubau der »Allgemeinen Bauschule« konnte am 1. April 1836 eröffnet werden.

Das Bauwerk vereinte unterschiedliche Nutzungen unter einem Dach. Im Erdgeschoss waren 12 Läden und Geschäfte untergebracht, durch deren Vermietung sich nach Schinkels Vorstellung ein Teil der Baukosten amortisieren sollte. Das Hauptgeschoss belegte die Bauschule mit Zeichensaal, Bibliothek und kleineren Hörsälen. Das zweite Obergeschoss war Sitz der Oberbaudeputation mit den Geschäftsräumen und Amtsstuben der obersten Baubehörde Preußens, als deren Direktor Schinkel seit 1830 fungierte. Die Dachkammern des Mezzanin-Geschosses dienten als Aktenarchiv. Auf der Etage der Oberbaudeputation war zugleich Schinkels Atelier nebst Wohnung untergebracht, die er 1836 mit seiner Fa-

Ansicht von Nordosten, heutiger Zustand

milie bezog und wo er am 9. Oktober 1841 verstarb. 1844 wurde in diesen Räumen das Schinkelmuseum eröffnet, das später in die umgebauten Läden im Erdgeschoss umzog.

Um im Inneren mehr Raum zu gewinnen, wurde die Bauakademie 1874 durch Richard Lucae umgebaut. Das zentrale Treppenhaus wurde in den Hof verlegt und dieser mit einem Glasdach geschlossen. 1879 wurden die Gewerbe- und die Bauakademie sowie das Schinkelmuseum der neu gegründeten Kgl. Technischen Hochschule eingegliedert. Alle ursprünglichen Nutzer zogen nun aus dem Bau aus, der in der Folge von unterschiedlichen staatlichen Institutionen belegt wurde.

Am 3. Februar 1945 wurde Schinkels Bauakademie durch Bomben schwer beschädigt und brannte aus. 1951 begann man mit der Sanierung und Restaurierung des Baus, dessen Fertigstellung als Sitz der durch Walter Ulbricht neu gegründeten »Deutschen Bauakademie« 1955 erfolgen sollte. Nach dem Richtfest am 21. November 1953 kam der Innenausbau jedoch zum Erliegen.

Die »Sozialistische Umgestaltung des Stadtzentrums« zum Aufmarschgelände »Marx-Engels-Forum« besiegelte das Schicksal des Bauwerks. Obwohl bereits etwa 3 Millionen Mark für die Instandsetzung und die Nachformung der erhaltenen Bauornamente ausgegeben worden waren, wurde die Bauakademie 1961/62 abgerissen, um dem Neubau des Außenministeriums der DDR Platz zu machen.

Mit dem Fall der Mauer 1989 fiel auch die DDR. 1995 wurde das Außenministerium abgerissen und der Wiederaufbau der Bauakademie vom Berliner Senat beschlossen. Seit 2002 steht die aufgemauerte nordöstliche Ecke von Schinkels Bauakademie, 22 m hoch und eine Achse zu jeder Seite breit, als Zeichen für den Willen zum Neuaufbau. Auf Initiative der 2001 durch Josef Paul Kleihues gegründeten »Internationale Bauakademie Berlin«, die Schinkels Bau als ein Zentrum für Architektur errichten will, stellt eine gedruckte Schaufassade seit 2004 den Kubus der Bauakademie als Bild wieder ganz dar. Ein Musterraum im Inneren des Gerüstes ist im Herbst 2005 dazu-

Ansicht von Nordosten über die Spree (Sammlung Architektonischer Entwürfe, 1833)

gekommen. Der Musterraum soll für Architektur-Ausstellungen sowie für öffentliche Foren zur Problematik des Neubaus bzw. zur detailgetreuen Rekonstruktion der Bauakademie genutzt werden. Die Bemühungen um eine gesicherte Finanzierung und Planung sind gegenwärtig noch nicht abgeschlossen.

Nach der Neuen Wache, dem Alten Museum am Lustgarten, den neuen Packhofanlagen, der Schlossbrücke und der Friedrichswerderschen Kirche stellt die Bauakademie den Schlussstein in der von Schinkel umgestalteten Kupfergrabenlandschaft dar, durch die das städtebauliche Gesicht von Berlins Mitte neue Züge erhielt. Schon durch den Kontrast in Farbigkeit und Materialität fiel der in Ziegelrohbauweise ausgeführte Kubus der Bauakademie, den der Volksmund bald »roten Kasten« taufte, aus dem städtebaulichen Rahmen der vornehmlich in Putz und Sandstein ausgeführten Feudalbauten.

Die Bauakademie, die sich von der Schlossbrücke aus in räumlich wirkungsvoller Über-Eck-Ansicht darbot, behauptete sich in unmittelbarer Nachbarschaft des Schlosses als städtebaulicher Eckstein einer neuen, panoramisch organisierten Stadtlandschaft. In ihr löste der allansichtige und richtungs-

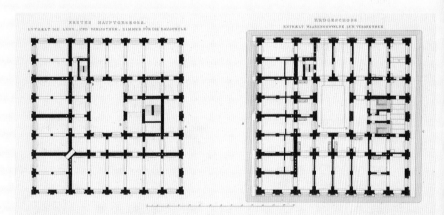

Grundrisse von Haupt- und Erdgeschoss (Sammlung Architektonischer Entwürfe, 1833)

lose Baukörper das barocke Prinzip der Frontalität und hierarchischen Ausrichtung auf beherrschende Achsen ab. Mit ihren vier identischen Fassaden war die Bauakademie gleichsam der ideelle Mittelpunkt einer kubischen, bürgerlichen Stadtkomposition von selbstständigen Bauindividuen, die sich gegenüber dem Achsengefüge der barocken Stadt und dem Machtanspruch des Stadtschlosses als feudalem Zentrum behaupteten.

Auch hinsichtlich ihrer baulichen Konzeption war die in Sichtmauerwerk ausgeführte Bauakademie sowohl technisch als auch ästhetisch der Verkünder einer neuen Architekturauffassung. In ihr verschmolzen historische Vorbilder wie die märkische

Ansicht von Nordosten, um 1900

Backsteingotik mit Konstruktionsprinzipien modernster englischer Fabrikbauten, wie sie Schinkel auf seiner Englandreise 1826 kennen gelernt hatte. Die Bauakademie war ähnlich einem modernen Skelettbau konzipiert. In ein Quadratraster von 5,50 m wurden gemauerte Pfeiler gesetzt, die durch flache Gurtbögen untereinander verbunden und durch Eisenanker ausgesteift werden. Dieses Traggerüst erhält durch gemauerte Kappendecken, die auf den Gurtbögen aufliegen, einen feuerfesten horizontalen Raumabschluss. Die Wände haben keine tragende Funktion mehr, sondern werden als vertikale Trennelemente in die Tragstruktur der Pfeiler hineingestellt.

In England hatte Schinkel Bekanntschaft mit der fortgeschrittenen Technik im Bau von Brücken, Fabriken, Märkten, Krankenhäuser und anderen modernen Einrichtungen gemacht. Die neuen Fabrikgebäude von Manchester erschienen Schinkel als »ungeheure Baumasse von nur Werkmeistern ohne Architektur und fürs nackteste Bedürfnis allein und aus rotem Backstein aufgeführt«. Die epochale architektonische Leistung von Schinkels Bauakademie besteht darin, dem modernen Zweckbau, der das Konstruktive betont und eine schlichte, ökonomische Fassadengestaltung fordert, eine baukünstlerische Gestalt zu geben. Solidität und Einfachheit und gleichzeitige Verfeinerung der Verhältnisse bis ins zierliche Ornament kennzeichnen die künstlerische Ausdrucksweise von Schinkels Rohbauklassizismus der Bauakademie. Die durchgehenden Pfeiler werden durch das Sockelgeschoss und das vorkragende Kranzgesims zur kubischen Einheit zusammengebunden. Gesimsbänder und Friese gliedern den Baukörper geschossweise. Jede fünfte Steinschicht ist eine Lageschicht in blau glasierten Steinen. Sie durchwirken den gesamten Baukörper mit Bändern, brechen die rötliche Farbe der Backsteinmasse und unterstreichen tektonisch »das Lagerhafte des ganzen Baues«, um durch den Ausgleich zwischen Vertikalität und horizontaler Lagerung nach Schinkels eigenen Worten »eine architektonische Ruhe zu gewinnen«.

Mit dem plastischen Bauschmuck durch Terrakotta-Platten, von Schinkel entworfen und in Zusammenarbeit mit dem Bildhauer Christian Daniel Rauch modelliert, zog das Lebendige mit zartem Relief in die abstrakte tektonische Ordnung ein. Ein Bildprogramm, das die Geschichte der Architektur und den Beruf des Architekten darstellte, breitete sich in den Fensterbrüstungen und -bedachungen über die acht Achsen aus. Die beiden Portale, das eine im Schmuck die Architektur als Kunst, das andere die Architektur als Wissenschaft und

Technik allegorisch thematisierend, symbolisieren auf sinnfällige Weise die komplementären Aspekte der Bau-Kunst. Von der tektonischen Gliederung und Rhythmisierung des Körpers bis zum Relief seiner geschichteten Oberflächen entfaltet Schinkel mit den mechanisierten Mitteln der Ziegelproduktion von Maßwerksteinen und Terrakotten einen Reichtum der Gestaltung, der dem Industriebau den Charakter prachtvoller Würde verleiht.

Schinkels Methodik, nicht historische Stile zu kopieren, sondern sie mit lebendiger Formkraft und konstruktiver Phantasie gedanklich zu durchdringen, erfindungsreich zu modifizieren und mit einheimischen ebenso wie mit neuen Materialien künstlerisch und handwerklich bis ins Detail zu verfeinern, wirkte schul- und stilbildend. Die Bauakademie zeichnet wie keinen zweiten Schinkelbau eine Wirkungsgeschichte aus, die über den preußischen Zweckbau des 19. Jahrhunderts, die Chicago School of Architecture und die Reformarchitektur nach 1900 weit in die moderne Architektur hineinreicht. Die Architekturgeschichtsschreibung hat Schinkels Bauakademie längst als zukunftsweisenden Schlüsselbau und kanonischen Gründungsbau der Moderne anerkannt und gewürdigt. FN

Literatur:

Paul Ortwin Rave: Berlin III (Karl Friedrich Schinkel-Lebenswerk, Bd. 11). Berlin/München 1962, Neuauflage 1981, S. 38–60.

Jonas Geist: Karl Friedrich Schinkel. Die Bauakademie. Eine Vergegenwärtigung. Frankfurt am Main 1993.

Elke Blauert: Karl Friedrich Schinkels Berliner Bauakademie. Ein Beitrag zu ihrem Wiederaufbau. Berlin 1994.

Harald Bodenschatz: Der rote Kasten. Zur Bedeutung, Wirkung und Zukunft von Schinkels Bauakademie. Berlin 1996.

Die Bauakademie – Plädoyer für eine »kritische Rekonstruktion«

Keine Frage, dass die Bauakademie eines der städtebaulich wichtigsten, innovativsten und schönsten Bauwerke Schinkels war und der Abriss der Brandruine 1961 ein Verbrechen gegen die Kultur. Kein Zweifel, dass heute eine relativ getreue Rekonstruktion am wieder freigeräumten Ort technisch möglich wäre und dass sie einen weiteren Schritt zur Konstruktion eines Altberliner Stadtbildes darstellen würde. Kein Zweifel auch, dass die den Wiederaufbau betreibenden Förderer von ethischen Motiven und Zielen geleitet sind und – nach kontroversen Diskussionen in den 1990er Jahren – heute relativ breite Zustimmung finden.

Zweifel aber an der These, dass sich dieser Fall von anderen Rekonstruktionswünschen grundlegend dadurch unterscheide, dass die Skelettbaukonstruktion und der Bauschmuck aus seriell vorgefertigten (und zum Teil geborgenen) Terrakotta-Elementen geradezu auf Reproduktion angelegt seien, während barocke Bauzier von Hand nach Augenmaß kopiert werden müsse – also: Bauakademie ja, Stadtschloss nein? In Wahrheit ist der Unterschied angesichts der Gebäudedokumentationen, der erhaltenen Fragmente, der computergestützten Photogrammetrie und der in beiden Fällen gleichermaßen komplizierten Nachbildungstechniken nur ein gradueller. Es geht vielmehr um die individuelle Begründung historischer Rekonstruktionsprojekte und die daraus zu ziehenden Konsequenzen.

Georg Theodor Schirrmacher,
Bauaufnahme des Portals, 1854

Die neuen Rekonstruktionsphilosophen umgehen die komplizierte Frage nach Substanz und Geschichtlichkeit, indem sie fälschlicherweise behaupten, der »Aufbau« eines vernichteten Bauwerks aus den Bauplänen entspreche der »Aufführung« einer Sinfonie aus einer Partitur: Musik ist von vornherein auf immer neue zeitbegrenzte Vergegenwärtigungen angewiesen. Die monumentalen Werke der Baukunst sind hingegen einmalige, oft noch im Bauprozess modifizierte Materialisierungen im Raum und auf »ewige« Dauer berechnet – ihr Bezug zu Zeit und Geschichte ist häufig Ausdruck ihrer Gestaltung, stets aber ihrer auf Authentizität und Alter gegründeten Aura.
Tradierte Werke der Baukunst sind Baudenkmäler, Rekonstruktionen dagegen (bevor auch sie vielleicht dazu werden) Neubauten. Als solche enthalten sie nur die Informationen über ihr Urbild, die zum Zeitpunkt der Rekonstruktion bekannt waren und für

wichtig gehalten wurden. Als Architekturmodelle im Maßstab 1:1 erinnern sie an das vernichtete Original, können dieses aber nicht ersetzen: Sie bleiben, auch gerade wenn sie die erwünschte emotionale und städtebauliche Bindekraft entfalten, Erinnerungsarchitektur. Das sollten sie fairerweise dem modernen Betrachter, der in der Regel kein Stadthistoriker ist, verständlich machen, indem sie ihre Erinnerungsfunktion gestalterisch reflektieren (übrigens ein im Wiederaufbau der Nachkriegszeit vielfach bewährtes Konzept). Das Ergebnis wäre im besten Sinne des Begriffs eine »kritische Rekonstruktion«. Wie sie im konkreten Fall aussehen könnte, muss man gescheiten und kreativen Architekten überlassen, die es wagen, Schinkel, die Geschichte und die zukünftige Funktion des Bauwerks zu einem neuen Ganzen zusammenzudenken.

Eine die Differenz von Gegenwart und Geschichte verarbeitende Rekonstruktion erscheint unabdingbar, wenn das neue Gebäude heute wieder, wie einst zu Schinkels Zeit, ein »Lehrstück« höchster Baukultur und kein Freilichtmuseum werden soll. Nur mit einem überzeugenden Brückenschlag in die Gegenwart würde es auch dem lebendigen Geist Schinkels gerecht, der wie kein anderer seiner Zeitgenossen das Spannungsfeld zwischen Vergangenheit und Zukunft in Hinblick auf Theorie und Praxis des Gestaltens durchdacht hat: »Es folgt hieraus schon von selbst, ... dass auch ganz neue Erfindungen notwendig werden, um zum Ziele zu gelangen, und dass, um ein wahrhaft historisches Werk hervorzubringen, nicht abgeschlossenes Historisches zu wiederholen ist, wodurch keine Geschichte erzeugt wird, sondern ein solches Neues geschaffen werden muss, welches imstande ist, eine wirkliche Fortsetzung der Geschichte zuzulassen [...] Hierzu gehört freilich neben der Kenntnis des ganzen historisch vorhandenen eine Phantasie und ein Divinationsvermögen, das recht und gerade für die Kunst notwendige Mehr in der Welt, wenigstens für die nächste Zeit zu finden« (Schinkel 1833).　　Adrian von Buttlar

Literatur

Vgl. S. 62, außerdem:

Mythos Bauakademie. Die Schinkelsche Bauakademie und ihre Bedeutung für die Mitte Berlins (Ausstellungskatalog, hg. von Doris Fouquet-Plümacher/Förderverein Bauakademie). Berlin 1998, insbes. S. 116–120 und 129–140.

Nany Wiegand-Hoffmann (Hg.): Karl Friedrich Schinkel – Bauakademie. Essays 2003. Berlin 2003

Internationale Bauakademie Berlin (Hg.): Internationale Bauakademie Berlin – Idee, Programm, Rekonstruktion. Berlin 2003.

Die Bauakademie - Weiterbauen

Das »Sowohl-als-auch« ist in höchstem Maße charakteristisch für das Architekturverständnis Schinkels. Aus der Tradition heraus Neues schaffen, nicht gegen die Tradition, nicht gegen die Überlieferung. Das gilt auch für seine städtebauliche Sensibilität, weshalb ja Werner Hegemann so Unrecht hat, wenn er Schinkel die »Verwilderung des Städtebaus« anlastet. Schinkels freigestellte Gebäude, selbst die Bauakademie, haben den Halt in der Stadtstruktur nicht verloren, sie sind vielmehr, bis zur Zerreißprobe, sowohl Solitär als auch Textur. Seine Gebäude sind von monolithischer Geschlossenheit, aber gleichzeitig filigran in der Gliederung. Nicht das demonstrative Zeigen der Konstruktion hat ihn interessiert, sondern das Andeuten des Reliefs in der Masse, das Durchscheinen in der Oberfläche. Dieses Vergnügen an der Ambivalenz, an der Kippfigur, war der recht protestantischen, von Deutschland ausgehenden Moderne durchaus fremd.

Ebenso sind Schinkels Bemerkungen zur Architektur von diesem Sowohl-als-auch geprägt, weshalb Modernisten wie Traditionalisten ihn für sich in Anspruch nehmen, indem sie jeweils den unbequemen Halbsatz oder die zweite Hälfte des Absatzes weglassen. Zum Beispiel der beliebte Aphorismus: »Historisch ist nicht, das Alte allein festzuhalten oder zu wiederholen, dadurch würde die Historie zugrunde gehen. Historisch Handeln ist das, welches das Neue herbeiführt und wodurch die Geschichte fortgesetzt wird.« Nun geht es aber weiter und das wird von den avantgardistischen Kollegen geflissentlich verschwiegen: »Aber da-

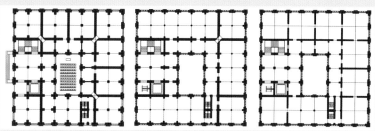

Grundrisse des projektierten Wiederaufbaus

durch eben, dass die Geschichte fortgesetzt werden soll, ist sehr zu überlegen, welches Neue und wie dies in den vorhandenen Kreis eintreten soll.« Womit wir bei der Frage sind, wie denn die Bauakademie rekonstruiert werden soll. Manche meinen »kritisch«. Aber was war das Kritische an den bisherigen kritischen Rekonstruktionen? Das Abstrahierende oder das Kontrastierende. Das Abstrahierende hat sich allzu schnell als Notlösung entpuppt und das Kontrastprinzip, das sich gerade auch bei der Denkmalpflege großer Beliebtheit erfreut, erweist sich zusehends als das verhängnisvollste architektonische und städtebauliche Ärgernis.

Ich habe nie verstanden, warum das arme Fachwerkhaus einen Glasaufbau verpasst bekommt, nur um zu zeigen, dass es sich um einen modernen Eingriff handelt. So wird es doch landauf, landab gemacht: modernistische Denkmalpflege-Ideologie. Und die kommt beim Bertelsmann-Gebäude der ehemaligen Kommandantur, ein paar Schritte entfernt am Boulevard »Unter den Linden«, geradezu lehrbuchhaft zum Ausdruck. Hier die alte, dem historischen Befund nachgebaute oder nachempfundene Hülle an den Linden und da, zum Hof, die Glasveranda der neuen Zeit. Die ist das Kritische an der Rekonstruktion. Der Glaspfahl im Steinfleisch sozusagen.

Wenn das Aufbrechen von Gewohnheiten selbst zur Gewohnheit geworden ist und, nebenbei gesagt, seit geraumer Zeit auch langweilt, darf man vermuten, dass eine originalgetreue Errichtung der Bauakademie kritisch ist in höchstem Maße, ja durchaus provokant. Provokant und vorbildlich. Vor allem in diesem: ein großer Mauerwerkskubus will sich selbst nicht skulptural in Szene setzen, will nicht

»Roter Saal«, Rekonstruktion

als Großform ornamental sein, sondern auf der Oberfläche, im tektonischen Relief, im symbolisierenden Bildprogramm bis hin zum spielerischen, verspielten vegetativen Ornament, das struktiv vielleicht nur noch mit der Bauaufgabe verbunden sein mag in dem eminent architektonischen Bemühen, toten Steinen Leben einzuhauchen.

Wir haben den Blick für Übergänge, Ambivalenzen, für das Sowohl-als-auch verloren und darauf beruht nicht selten die Trostlosigkeit unserer Architektur und unseres Städtebaus. Wir haben den Spaß daran verloren, das Alte im Neuen aufscheinen zu lassen und das Neue in das Gewand des Alten zu kleiden.

Aber da ist doch Döllgast! Richtig! Bei allem Respekt vor Hans Döllgasts ganz einzigartiger architektonischer Leistung beim Wiederaufbau der Münchner Alten Pinakothek: Beschleicht einen nicht inzwischen ein ganz ungutes Gefühl angesichts der von seinem Schüler Wiedemann wieder errichteten Glyptothek mit ihren unverputzten Backsteinwänden? Ist diese durch-

Nordfront des projektierten Wiederaufbaus

gängige Ästhetisierung der Erinnerung an die Zerstörung, die den Skulpturen zweifellos einen idealen Atelierhintergrund verleiht und daraus ihre eigenartige Faszination gewinnt, nicht doch außerordentlich zeitgebunden? Und versagt sie nicht letztlich, der zeitübergreifenden Bestimmung und auch dem Anspruch des Klenzeschen Gebäudes gerecht zu werden? Was unter dem fragwürdigen Begriff der »kritischen Rekonstruktion« mit Objektivitätspathos daherkommt, ist doch nichts anderes als unsere Mutlosigkeit, weiterzubauen. Weiterbauen sollte die Devise sein, anstatt kritisch rekonstruieren! Vor der Moderne war das selbstverständlich. Auch erfahrenen und eingeweihten Augen entgeht nicht selten der Übergang von der romanischen in die gotische und schließlich barocke Baustufe von Kirchen und Schlössern, und auch der Klassizismus hat ganz selbstverständlich weitergebaut, ohne didaktische Zäsur, ohne Materialwechsel und gerade darin liegt der große Reiz solcher über Jahrhunderte, durch unterschiedliche Stile hindurch aufgeführten Gebäude. Die Übergänge waren fließend. Oft kündigt sich der kommende Stil schon

im Vorhergehenden an und meist klingt der überwundene Stil noch lange nach, was die Unterscheidung der Bauphasen zusätzlich erschwert und in der Regel den ästhetischen Reiz steigert.

Und natürlich hat man Gebäude abgerissen, um größere, modernere Gebäude zu errichten, oft unter Verwendung von Teilen des Vorgängerbaus, ebenso wie man zerstörte Gebäude wieder aufgebaut hat, wenn sie nicht zu ersetzen waren oder wenn die emotionale Bindung an den Verlust durch eine andere Architektur nicht zu kompensieren war. Deshalb wurde der eingestürzte Campanile auf der Piazza San Marco wieder errichtet, wo er war und wie er war. Und wenn da für den Kunsthistoriker die eine oder andere Abweichung auszumachen ist, sei's drum. Darüber kann man promovieren, aber den Millionen ist es egal und die wenigen kulturell Sensibilisierten und Architekturinteressierten werden lange hinschauen müssen, um Verdacht zu schöpfen, dass sich hier etwas aus der Rekonstruktionszeit eingeschlichen haben könnte und werden darüber schmunzeln, aber nicht zur Polizei gehen.   Hans Kollhoff

Berlin

Denkmal für die Befreiungskriege auf dem Kreuzberg

Entwurf	1817
Ausführung	1817–21
Anbringung der Skulpturen	bis 1826
Anhebung, steinerner Sockel	1875–78
Anlage des Viktoria-Parks	1893
Restaurierungen	1958, 1981, 2002

Der Kreuzberg trägt seinen Namen erst seit dem 30. März 1821, als das gusseiserne Denkmal auf dem südlich vor den Toren Berlins gelegenen Hügel feierlich eingeweiht wurde. Bis dahin war er als Tempelhofer Berg bekannt gewesen. Gemäß der Inschrift ist das Bauwerk Ausdruck des Dankes des Königs an das Volk. Sie lautet: »Der König dem Volke, das auf seinen Ruf hochherzig Gut und Blut dem Vaterlande darbrachte; den Gefallenen zum Gedächtniß, den Lebenden zur Anerkennung; den künftigen Geschlechtern zur Nacheiferung.« Die Inschrift, zu der es mehrere Vorentwürfe gab, hält die Waage zwischen stolzem Gedenken an die Befreiungskriege gegen Napoleon und zukunftsorientiertem Appell.

Der nationale Enthusiasmus, der sich mit den romantischen Ideen der Zeit verband, beherrschte das frühe Schaffen Schinkels. 1814 legte er eine Denkschrift über einen »Dom als Denkmal für den Freiheitskrieg« vor. Viele Entwürfe und Gemälde mit Ar-chitekturdarstellungen im gotischen Stil zeugen von der Begeisterung, mit der Schinkel das Bild eines religiös geprägten deutschen Gemeinwesens entwarf. Freilich gingen Schinkels Vorschläge weit über die tatsächlichen Möglichkeiten der Zeit hinaus. Das Kreuzberg-Denkmal, das Schinkel dann im Auftrag des Königs entwarf, stellt gleichsam einen Dom im Kleinen dar. Über einem Grundriss, der dem 1813 gestifteten Eisernen Kreuz nachempfunden ist, erhebt sich eine rund zwanzig Meter hohe Konstruktion aus Eisenstäben, die mit gusseisernen Platten verkleidet ist. Mit der Verwendung von Eisen wollte man nicht nur dem Denkmal Dauerhaftigkeit verleihen, das Material stand auch für den industriellen Fortschritt und die Wirtschaftskraft Preußens. Die Ausführung lag in den Händen von C. Krigar. Die zwölf Seiten der Sockelzone tragen die Namen der wichtigsten Etappen auf dem Siegeszug gegen die Franzosen. Darüber erheben sich in hohen, von Wimpergen und

Fialen bekrönten Tabernakeln zwölf überlebensgroße Skulpturen, die die Genien der Entscheidungsschlachten darstellen. Die von Christian Daniel Rauch, Friedrich Tieck und Ludwig Wichmann ausgeführten Figuren tragen die Gesichter von Angehörigen des Königshauses oder von preußischen Generälen und gehören zu den bedeutendsten Werken der klassizistischen Plastik. Sie stecken voller aktueller, mehr oder weniger humorvoller und polemischer Anspielungen. So wird die Einnahme von Paris nach einer Idee von Rauch durch eine Replik der Langhansschen Nike vom Brandenburger Tor mit den Zügen der Königin Luise dargestellt. Sie hielt ursprünglich ein Modell der von Napoleon in den Louvre verbrachten und von dort im Triumph heimgeholten Quadriga in der Hand. Das eiserne Kreuz auf der Spitze des Denkmals weist auf die Bestimmung des

Bauwerks als Kriegs- und Freiheitsmal hin. Durch die vielen Fialen, die den polygonen Mittelturm umstehen und durch die Überschneidungen der Wimperge erscheint das kleine Bauwerk reich geschmückt, unübersichtlich und vielgliedrig. Das Material ermöglichte eine filigrane Ausformung der Krabben und Blattwerkverzierungen, die den Naturbezug der Gotik mit floralen Elementen und wildbewegten Auswüchsen betont. Alle Formen erscheinen von klassizistischer Strenge geprägt. Die Schäfte der Fialen sind gegenüber den mittelalterlichen Vorbildern stark gelängt und ihre klaren Flächen sind straff gegliedert.

Das Bauwerk auf dem Kreuzberg steht in einer Reihe von Denkmalen, die der König auf den Schlachtfeldern der Befreiungskriege errichten ließ. Der preußische König machte dadurch seinen Anspruch auf die Führungsrolle in Deutschland deutlich. In seiner Geschichte hat das Kreuzbergdenkmal eine zunehmende Steigerung seiner architektonischen Wirkung erlebt. Zunächst stand es frei auf einem unbewaldeten Hügel, der einen weiten Ausblick über die Stadt Berlin bot. Wie auf vielen romantischen Gemälden konnte der Spaziergänger und Betrachter sinnend der vergangenen und zukünftigen Größe des preußischen Gemeinwesens gedenken. Durch das Gitter, mit dessen Entwurf Schinkel schon im Jahr der Einweihung beauftragt wurde, und mit dem man das Denkmal umschloss, wurde der offizielle Charakter betont.

1829 beklagte der König, dass das Denkmal auf dem kahlen Bergrücken verloren wirke und forderte Schinkel dazu auf, weitere Entwürfe vorzulegen, »wie das Monument auf dem Kreuzberge ein angemessenes Ansehen erhalten könne.«

Aber erst 1875 ging man auf Anweisung Kaiser Wilhelms I. schließlich daran, mit einem ungeheuren Kraftaufwand das inzwischen halb von den umgebenden Bäumen verdeckte Denkmal anzuheben. Unter der Leitung des Geheimen Oberbau-

Ansicht von Südwesten, heutiger Zustand

Friedrich August Calau, Das Monument auf dem Kreutzberge bei Berlin, um 1825

rats Schwedler und nach Plänen von Heinrich Strack stemmten zwölf hydraulische Pressen das Denkmal um acht Meter in die Höhe. Darunter errichtete man einen achteckigen Unterbau aus Backsteinbögen, der mit einer Umfassung aus schlesischem Granit und Sandstein verkleidet wurde. Dabei wurde die Gelegenheit genutzt, das Denkmal um einundzwanzig Grad zu drehen, so dass es nun in der Achse der neuen, bis zum Fuße des Kreuzberges verlaufenden Großbeerenstraße zu stehen kam. Der nach außen massive, von Zinnen bekrönte Unterbau, der 1878 fertiggestellt wurde, gab dem Denkmal ein bastionsartiges Aussehen und verschaffte der Anlage eine damals zeitgemäße wehrhafte Monumentalität, die bis heute den Gesamteindruck bestimmt. Schinkel selbst hätte diese Entwicklung sicherlich begrüßt. Denn bereits frühe Entwürfe zum Kreuzberg-Denkmal zeigen den gotischen Turm auf einem hohen Unterbau, der mit einem rechteckigen Baukörper mit Ecktürmen und allseitig vorgelegten Portiken an die Neue Wache erinnert. Den Sockel bildet ein monumentaler Baukörper mit abgeschrägten Kanten.

Allerdings wurde diese Monumentalität seit 1895 durch die nach den Plänen von Hermann Mächtig um das Denkmal herum angelegte »Erholungsstätte« des Viktoria-Parks konterkariert. Die künstlich angelegte Bergkulisse und insbesondere der Wasserfall erregten die Spottlust der Zeitgenossen. Von weitem betrachtet schien es,

Inschrift an der Ostseite, heutiger Zustand

69

als würde das Denkmal einen nie versiegenden Strom nationaler Erbauung speisen, der sich den Kreuzberg hinab in die wachsenden Vorstädte Berlins ergoss.

In der nationalsozialistischen Planung für die Neugestaltung Berlins war eine weitere Achse zum Flughafen Tempelhof geplant, die wiederum den Bedeutungszusammenhang stark verändert hätte, jedoch nicht mehr zur Ausführung kam.

Nach Kriegszerstörungen mussten 1958 große Teile des Denkmal-Unterbaus neu errichtet werden. 1981 wurde das Denkmal umfassend restauriert und zu diesem Zweck bis auf den Sockel demontiert. Da die gusseisernen Platten und Architekturteile miteinander verschraubt sind, müssen die Fugen durch regelmäßige Anstriche abgedichtet werden. Fehlt der Korrosionsschutz, rostet das Eisen. Die ursprüngliche Konstruktion des Sockels sah zudem keine ausreichende Möglichkeit zum Ableiten des Regenwassers vor.

Bei der letzten Restaurierung 2002 wurden die Skulpturen überarbeitet, noch einmal eine Verbesserung der Entwässerung vorgenommen und das Denkmal grün gestrichen.

Gegenwärtig wird dem symbolträchtigen Bauwerk weit weniger Aufmerksamkeit entgegengebracht als anderen Werken Schinkels. Dies mag damit zu tun haben, dass das Kreuzbergdenkmal nur wenig in die aktuelle Erinnerungskultur passt. Es verherrlicht die deutsche Nation und auf polemische Weise einen Krieg gegen die Franzosen und ist zudem ein Symbol für den

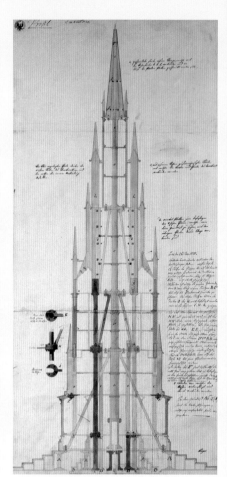

Schnitt der Eisenkonstruktion, Werkzeichnung 1820

preußischen Staat, der nach dem Willen der Alliierten seit dem Zweiten Weltkrieg nicht mehr besteht. Gerade weil aber die Konnotationen vielschichtig und schwierig sind, lohnt eine Auseinandersetzung mit diesem bis heute gut erhaltenen Werk Schinkels.   SB

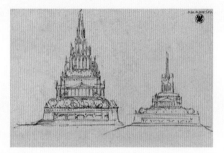

Vorstudien zu einem Befreiungsdenkmal, um 1815

Literatur

Ernst Badstübner: Stilgeschichtliches Verständnis und zeitgenössische Architekturpraxis. Zur Mittelalterrezeption bei Karl Friedrich Schinkel. In: Schinkel-Studien, hg. von Hannelore Gärtner. Leipzig 1984, S. 91–99.

Michael Nungesser: Das Denkmal auf dem Kreuzberg von Karl Friedrich Schinkel. Berlin 1987.

Die Vorstadtkirchen

St. Elisabeth, St. Johannis, die Nazarethkirche und St. Paul sind die vier von Schinkel in einem Zuge geplanten Berliner Vorstadtkirchen. Wegen wiederholter Eingriffe in die Bausubstanz schon nach wenigen Jahrzehnten und beträchtlichen Kriegsschäden erhalten die Vorstadtkirchen heute innerhalb des Werks Schinkels nicht die ihnen gebührende Aufmerksamkeit. Dass Schinkel selbst dieser Bauaufgabe einst größte Bedeutung beimaß und den Kirchen exemplarischen Stellenwert einräumte, zeigt nicht zuletzt, dass er alle vier Planungen in seiner Sammlung architektonischer Entwürfe verbreiten ließ.

Zu Beginn des 19. Jahrhunderts dehnte sich Berlin erheblich aus. Nördlich des Spreebogens wurden das Moabiter Land, das Neue Voigtland und weiter nördlich der Wedding und das Gebiet um den Gesundbrunnen erschlossen. Um die Seelsorge und gleichzeitig die politisch-soziale Kontrolle in diesen Gebieten zu sichern, ordnete König Friedrich Wilhelm III. im Jahr 1827 den umgehenden Bau von zwei neuen Kirchen an, die vollständig aus seiner Privatschatulle finanziert werden sollten. Er übernahm das Patronat über die Kirchen und die Rolle des Auftraggebers und Bauherrn zugleich, bestimmte also über die Verwendung der finanziellen Mittel und nahm maßgeblichen Einfluss auf die Planung und auf das Baugeschehen.

Mit königlichem Erlass vom 23. Februar 1828 erhielt Schinkel den Auftrag, für die sog. Oranienburger Vorstadt Pläne für ganz einfache Kirchen mit 2.500 bis 3.000 Sitzplätzen anzufertigen – eine Größenordnung, welche die der bis dahin vorhandenen Berliner Kirchen bei weitem übertraf. Nicht Repräsentation, sondern Zweck und äußerste Knappheit der finanziellen Mittel standen im Vordergrund der Planung, daher sollte auf Türme und üppigen Bauschmuck verzichtet werden. Schinkel legte fünf Entwürfe zur Auswahl vor, die heute noch in den Sammlungen der Nationalgalerie in Berlin erhalten sind und das immense Formenrepertoire der Entwurfsplanung Schinkels vor Augen führen. Drei der Kirchen waren als Zentralbauten konzipiert, zwei als Longitudinalbauten, basierend auf Kreis-, Kreuz- und Rechteckformen mit variablen Maßstäben. Den Bauschmuck reduzierte er auf ein notwendiges Maß, das »unumgänglich für den Stil« war. Ange-

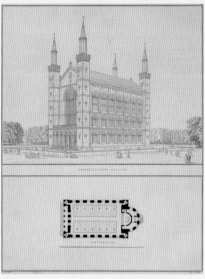

Entwurf III für eine Kirche in der Oranienburger Vorstadt (»Kirche mit vier Türmen«, Sammlung Architektonischer Entwürfe, 1828)

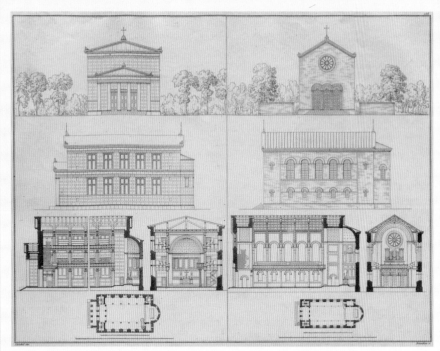

St. Elisabeth und St. Johannis: Grundriss, Ansichten und Schnitte

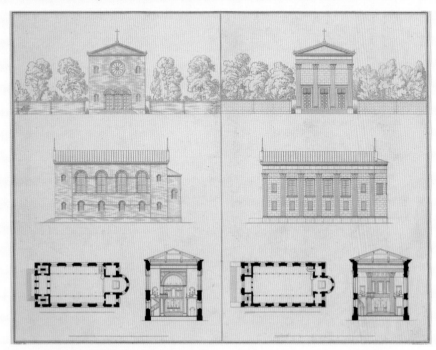

Nazarethkirche und St. Paul, Grundriss, Ansichten und Schnitte
(Sammlung Architektonischer Entwürfe, 1834)

nommen wurde der Entwurf einer »Kirche mit vier Thürmen« (die eigentlich nur die Bekrönung der vier Treppenhäuser sind) vor dem Oranienburger Tor beim Wedding und einer »Kirche im Rechteck mit Säulenvorhalle« vor dem Rosenthaler Tor (heute St. Elisabeth), deren Bau sogleich angeordnet wurde. 1831 verschlechterte sich die politische und finanzielle Situation. Die Erschütterungen der französischen Julirevolution, die Baulast der Nikolaikirche in Potsdam und schließlich eine Choleraepidemie führten zu einer Änderung der Pläne. Um die notleidenden Gebiete in den nördlichen Bezirken zu versorgen, sollte Schinkel anstelle der viertürmigen Kirche nun für die gleiche Bausumme von etwa 25.000 bis 30.000 Taler drei kleine Kirchen mit einem Kontingent von 800–1.000 Sitzplätzen entwerfen und den bereits begonnenen Bau vor dem Rosenthaler Tor den neuen Plänen angleichen.

Auch diesmal verlieh Schinkel jedem einzelnen Kirchenentwurf eine ganz eigene Prägung, obwohl er durch Vorgabe des königlichen Auftraggebers, die Kirchen nach gleichartigem Grundplan und einheitlichen Kosten zu errichten, in der Entwurfsplanung erheblich eingeschränkt war. Charakteristisch sind die systematischen Grundrissbildungen aus längsrechteckigem Saal mit Apsis und Vorhalle, die jeweils von Nebenräumen flankiert und zu einem geschlossenen Rechteck mit vortretenden Apsiden geformt werden. Dass sich diese Konzeption räumlich-funktional als nicht ausreichend erwies, werden die nachträglichen Anbauten zeigen, die an allen Kirchen vorgenommen wurden. Das ökonomische und akustische Problem löste Schinkel durch den Einbau von Emporen, die er konstruktiv und ästhetisch derart in die Architektur integrierte, dass in der Literatur fälschlich von dreischiffigen Anlagen oder – wie sie auch Schinkel bezeichnete – Basiliken gesprochen wird. Zur Ausführung sollten sodann zwei Kirchen als Ziegelrohbauten im Rundbogenstil und zwei als Putzbauten im antiken Baustil kommen. Sie wurden innerhalb von drei Jahren fertig gestellt und an vier aufeinander folgenden Sonntagen im Sommer 1835 geweiht. UL

Literatur

Paul Ortwin Rave; Berlin I (Karl Friedrich Schinkel-Lebenswerk, Bd. 2). Berlin 1941, S. 301–342.

Christiane Segers-Glocke: Die einstigen Berliner Vorstadtkirchen St. Johannes, Nazareth, St. Elisabeth und St. Paul. München/Berlin 1981.

Helga Nora Franz-Duhme und Ursula Röper-Vogt: Schinkels Vorstadtkirchen. Kirchenbau und Gemeindegründung unter Friedrich Wilhelm III. in Berlin. Berlin 1991.

Andreas Haus: Kirchenbau: Karl Friedrich Schinkel als Künstler. München/Berlin 2001, S. 267–281.

Berlin
St. Elisabeth

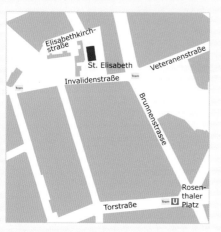

Entwurf	1828–32
Baubeginn	1830
Weihe	28. Juni 1835
Anbau der Nebenapsiden	1859/60
Renovierung	1893
Teilrekonstruktion der Ausmalung	1934–36
Zerstörung bis auf die Umfassungsmauern	1944
Instandsetzungsmaßnahmen	seit 1991
Ausbau zum Kulturzentrum (Klaus Block)	seit 1999

St. Elisabeth in der Oranienburger Vorstadt ist die größte und stattlichste der vier Vorstadtkirchen. An ihren Ausmaßen lässt sich noch die erste Planungsphase ablesen. Weil sich die Kirche zum Zeitpunkt des Planwechsels bereits im Bau befand, konnte Schinkel die Ordre, bei St. Elisabeth die Baukosten zu reduzieren, nur noch teilweise umsetzen. Die Sparmaßnahmen wirkten sich vor allem auf den Bauschmuck und die Innenausstattung aus.

St. Elisabeth gehört zum Typ des Putzbaus im »antikischen Stil« und bekam als einzige der Vorstadtkirchen einen Portikus. Auf seinen Italienreisen ließ sich Schinkel von römisch-griechischen Tempeln anregen, die er mit der eigenen klassizistischen Formensprache verband. Die rückwärtige halbrunde Apsis war dabei zunächst nicht vorgesehen; Friedrich Wilhelm IV. ordnete sie nachträglich vermutlich der Einheitlichkeit aller vier Vorstadtkirchen wegen anstelle des geplanten rechteckigen Anbaus an der Altarseite an. Die beiden Nebenapsiden wurden drei Jahrzehnte später von Friedrich August Stüler und Gustav Möller zur Nutzung als Taufkapelle und als Sakristei hinzugefügt – eine als notwendig erachtete Erweiterungsmaßnahme, die trotz stilistischer Annäherung zwar die Gesamtproportionen des ursprünglichen Baus beein-

Ansicht von Süden, heutiger Zustand

Ansicht von Südosten, um 1930

Ansicht von Süden, 1990

trächtigen, die Bausubstanz jedoch weitgehend verschont haben.

Der Portikus war mit kannelierten ionischen Säulen geplant, die Schinkel dann aus Kostengründen auf einfache Pfeilerstellungen reduzieren musste. Beibehalten wurden die kräftig profilierten Gesimse – das umlaufende Abschlussgesims des ersten

Hauptgeschosses, das Kranzgesims und die beiden Dreiecksgiebel, die dem Bau im Vergleich mit den drei anderen Vorstadtkirchen eine stärkere Plastizität verleihen.

Den Innenraum beherrschte ursprünglich eine umlaufende zweigeschossige Holzempore, die Schinkel sogenannt »amphitheatralisch« mit höher gelegten hinteren Bank-

Entwurf für die Ausmalung,
1833

Innenraum vor der Zerstörung

Innenraum, heutiger Zustand

reihen anordnete. Die Konstruktion war sichtbar belassen und bildete mit der Balkendecke eine Einheit, die in der Wandmalerei fortgesetzt wurde. Schinkel selbst fertigte die Ausmalungsentwürfe an. Aus den Übergabeberichten des Bauinspektors Berger wissen wir, dass die Seitenwände blassgrüne, gelblich gerahmte Felder zeigten, die Schinkel in der Apsis schwarz marmorieren ließ. Die Apsiskalotte war mit Engelsfiguren und Pflanzenranken auf blauem Grund geschmückt, die der Maler Heinrich Müller ausführte. Nur wenige Jahrzehnte überdauerte die Ausmalung: bei der Sanierung zum 25-jährigen Jubiläum der Kirche wurden insbesondere die Wände abweichend von der ursprünglichen Farbgebung in Rottönen und mit schablonierten Ornamenten neu gefasst. Ab 1933 wurde dann eine Rückführung ins Schinkel-Original vorgenommen, die jedoch nicht frei von ideologischer Vereinnahmung war. 1944 wurde die Kirche stark zerstört und überdauerte einen Zeitraum von fast 50

Jahren als ungesicherte und mit den Jahren bewaldete Ruine. Wegen fehlender Sicherungsmaßnahmen sind einzig die Umfassungsmauern und ein Teil des Portikus erhalten. Bei der kürzlichen Wiederherstellung war deshalb an eine vollständige Rekonstruktion nicht zu denken. Die Arbeiten beschränkten sich auf die Sicherung des Mauerwerks und einiger Putzreste, die Ergänzung der Werksteine außen und der Stirnziegel im Innern. Der neue Außenputz wurde mit seiner abwechselnden Quaderschichtung nach Befund wiederhergestellt; die scharfkantigen Ritzfugen leugnen allerdings die Herkunft nicht. Obwohl von den ursprünglichen Oberflächen nur noch etwa 20% erhalten sind, ist das äußere Erscheinungsbild der einst reichhaltigsten Vorstadtkirche Schinkels weitgehend wieder hergestellt. Zukünftig wird St. Elisabeth für kulturelle Zwecke genutzt werden. UL

Literatur siehe S. 73

Berlin
St. Johannis

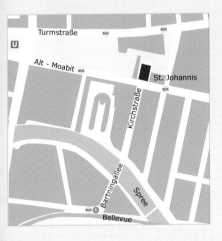

Entwurf	1832
Ausführung	1832–35
Anbau von Portikus,	
Rundbogenhalle, Glockenturm	1843–57
(Friedrich August Stüler)	
Erweiterung um ein Querschiff	1895/96
(Max Spitta)	
Zerstörung bis auf die	
Umfassungsmauern	1944
Wiederaufbau	1952
(Otto Bartning und Werry Roth)	

St. Johannis wurde im damaligen Vorort Moabit als eine der vier Vorstadtkirchen errichtet (zur Geschichte der Vorstadtkirchen vgl. S. 71). Vom einstigen Vorstadtkirchenprogramm sind hier nur noch ansatzweise Spuren überliefert, ebenso von der individuellen Ausführung, wie sie für alle Vorstadtkirchen charakteristisch war. Die Geschichte von St. Johannis mit ihren zahlreichen Umbauten und Veränderungen zeigt aber ebenso deutlich wie exemplarisch die unterschiedlichen Auffassungen im Umgang mit dem Schinkelbau im Laufe der Zeit.

Wie alle anderen Vorstadtkirchen besaß auch St. Johannis ursprünglich einen längsrechteckigen Grundriss, der dem Schema von St. Elisabeth entsprach. Wie diese als Blankziegelbau zu fünf Fensterachsen mit halbrunder Apsis und flankierenden Eckkompartimenten errichtet, verfügte St. Johannis jedoch über keinen Portikus. Zur Bauzeit war das Gebiet erst dünn besiedelt, was Schinkel die Möglichkeit gab, Lage und Disposition der Kirche weitgehend frei zu wählen und die Landschaft in die Planung einzubeziehen. St. Johannis wurde mit vorgelagerter Freitreppe auf einer kleinen Anhöhe errichtet. In Abweichung

Ansicht von Süden, heutiger Zustand

77

W. Loeillot, Ansicht von Süden, 1833

von St. Elisabeth gestaltete Schinkel den längsseitigen Wandaufbau, der den inneren Organismus außen ablesbar macht und dem Aufbau der Nazarethkirche gleicht, mit übereinander liegenden Rundbogenfenstern. Deutlicher als dort tritt allerdings hier die Verkröpfung der Fenster hervor, zudem betonte Schinkel hier die Rundbögen durch Formsteine. Allein dieser kurze Vergleich zeigt die feinen Variationen in der Ausgestaltung der Vorstadtkirchen.

Auf Wunsch Friedrich Wilhelms IV. plante Friedrich August Stüler seit 1843 Erweiterungsbauten, bestehend aus einem Pfarr- und Schulhaus, einem Campanile, einer Vorhalle an der Kirche und einem Arkadengang, der die Bautengruppe verbindet. Stülers Umgestaltung lehnt sich an Atrien altchristlicher Basiliken an – eine feinsinnige Neuinterpretation des Schinkelbaus im romantischen Sinne, die allerdings die einstige Schlichtheit und Zweckmäßigkeit der Vorstadtkirche weitgehend verfremdet.

Als einzige der vier Vorstadtkirchen erhielt St. Johannis im Innern einen mittelalterlich anmutenden offenen Dachstuhl, der dem Raum mehr Höhe und freiere Wirkung verleihen sollte. Derartige Konstruktionen hatte Schinkel auf seinen Reisen nach England und Italien studieren können, so dass etwa der gotische Dachstuhl der Westminster Hall in London Anregungen gegeben haben könnte. Die auf schlan-

ken Stützen ruhende Holzempore verlief bündig mit den ausgeschiedenen Eckräumen und unterstrich wie bei allen Vorstadtkirchen die Längsrichtung mit Wirkung auf den Altar hin – eine liturgische Neuerung, die mit späteren Umbauten verloren ging. Wie alle Vorstadtkirchen wurde auch St. Johannis mit einem einheitlichen Farbkonzept nach Schinkels Vorlagen ausgemalt. Die Empore war mit schwarzen und weißen Verzierungen, die Kassettierung am Dach mit Friesen und kleinen Sternen auf blauem Grund versehen. Die Wände waren hellgelb gequadert, die Altarnische dunkelgrau marmoriert mit schwarz-goldenen Friesen, die Apsiskalotte blaugrundig und mit Sternen verziert.

Im ausgehenden 19. Jahrhundert wurde St. Johannis ein zweites Mal erweitert. Die Kirche erhielt zwei ausladende Querarme und nach Norden eine neue Apsis, die – mit Nachtragsbeschluss vom Februar 1896 – von Nebenapsiden nahezu gleichen Ausmaßes flankiert werden sollte. Die nach den Plänen von Max Spitta durchgeführte Maßnahme bewirkte eine tiefgreifende Veränderung des Grundrisses und des Raumbildes. Das Volumen des Baus wurde nahezu verdoppelt, die geschlossene Raumwirkung der Saalkirche seitlich aufgebrochen. Unter Angleichung an die vorhandene Ausstattung baute Spitta die Emporen und die offene Dachkonstruktion um. Eine um-

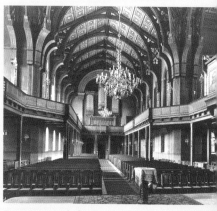

Innenraum nach der Erweiterung durch Max Spitt

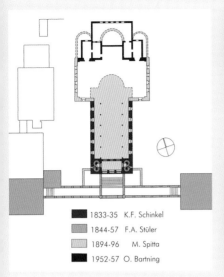

■ 1833-35　K.F. Schinkel
■ 1844-57　F.A. Stüler
▨ 1894-96　M. Spitta
■ 1952-57　O. Bartning

Grundriss mit Bauphasen

Innenraum nach dem Wiederaufbau durch
Bartning und Roth

fassende Innenrenovierung schließlich blieb
nicht aus, um die gesamte Kirche dem neu-
en Zeitgeschmack anzupassen.
Im Zweiten Weltkrieg haben Brandbom-
ben das Kirchendach und die gesamte Ausstattung einschließlich der Emporen und
des Wandputzes vollständig vernichtet.
Otto Bartning, einer der bedeutendsten
Kirchenbaumeister des 20. Jahrhunderts,
entwickelte unter Mitarbeit von Werry
Roth ein Wiederaufbaukonzept, das auf
der Vereinfachung der Formen mit der
Konzentration auf den Altar und die litur-
gischen Handlungen basiert. Noch einmal
wurde der Grundriss verändert: Der Altar
wurde vorgezogen und erhöht, der Altarraum verkürzt, die Apsis abgebrochen und
ein ausladender Längsarm angefügt, der
über mehreren Geschossen neue Gemeinderäume beherbergt. Die Öffnungen in
den Querarmen wurden geschlossen und
im Schiff eine einfache Empore eingezogen, die nahezu bündig mit den Langhaus-
wänden laufen. Den offenen Dachstuhl
Schinkels interpretierte Bartning mit
schlichten Bogenbindern neu.
Trotz mancher Hinweise auf den Bau
Schinkels sind von dessen einstiger Konzeption heute nur noch Rudimente überliefert. UL

Literatur siehe S. 73

Berlin | St. Johannis

Berlin

Nazarethkirche (heute Alte Nazarethkirche)

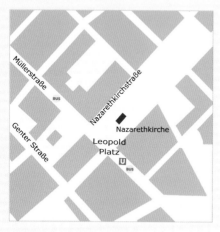

Entwurf	1832
Ausführung	1832–35
Anbau der Sakristei	1884
Neuausmalung	1899
Umbau zum Gemeindehaus,	
Verkauf des Inventars	1905
Kriegsschäden	1944
Teilrekonstruktion von Wand- und	
Deckenfassung	1973

Die Nazarethkirche ist wie die anderen drei Vorstadtkirchen Schinkels (St. Elisabeth, St. Johannis und St. Paul) aus Kostengründen äußerst schlicht und nach demselben Grundrissschema errichtet. Sie wurde wie ihre Schwesterkirche St. Johannis als Ziegelrohbau ausgeführt und zeigt heute noch die kubische Geschlossenheit und die konstruktive Sachlichkeit, die alle vier Vorstadtkirchen auszeichnet. Charakteristisch sind die ausgewogenen Proportionen des Aufrisses, die sorgfältige Verarbeitung des Materials und die hohe handwerkliche Präzision, aufgrund derer die Ausführung der Nazarethkirche mehr Zeit erforderte als die der anderen Vorstadtkirchen. Das Grundrissgefüge aus Vorhalle, Kirchensaal, Apsis und den für alle Vorstadtkirchen typischen, inliegenden Ecktürmen ist deutlich am Außenbau abzulesen. Die Emporenkonstruktion und der zweigeschossige Wandaufbau sind aufeinander abgestimmt, die Konstruktion der inneren Flachdecke entsprechend im kräftig profilierten Tympanon an der Eingangsfassade sichtbar. Schinkel führte auch im Innern die Konstruktion des Hängewerks offen vor und füllte die Felder der Längs- und Querbalken mit farbig gefassten Kassetten.

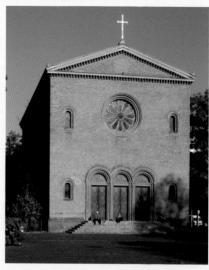

Ansicht von Südwesten, heutiger Zustand

80

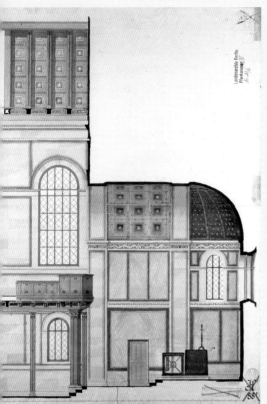

Entwurf für die Ausmalung, 1823

Vorstadtkirchen stand in der Apsis ein einfacher Tischaltar ohne Aufsatz.

Gegen Ende des 19. Jh. wurde die Kirche zu klein. Der Entschluss, in unmittelbarer Nähe die größere Neue Nazarethkirche (1891–93 von Max Spitta) zu errichten, rettete zwar den Bau, verschonte ihn aber nicht vor größeren Eingriffen. Beim Umbau zum Gemeindehaus wurde eine Zwischendecke eingezogen und die Ausstattung zur Finanzierung des Umbaus verkauft. Das Erdgeschoss wird seither durch weitere kleine Rundbogenfenster belichtet, die den Rhythmus und die ausgewogene Komposition von horizontaler und vertikaler Gliederung am Außenbau erheblich beeinträchtigen. In jüngster Zeit wurde der Versuch unternommen, die Farbigkeit im Innern wiederherzustellen, eine Maßnahme, die angesichts der veränderten Raumverhältnisse und der verlorenen Ausstattung kaum glücken konnte.

Die ebenfalls von ihm entworfene klassizistische Ausstattung war mit sparsamen »Kunst- und Verzierungsmalereien« versehen. Die Wandmalerei betonte mit Friesen und flächigen Feldern die Architektur und war in harmonischem Farbklang aufeinander abgestimmt: die Wandfelder olivgrün auf graugrün und an den Holzteilen schwarzgrün auf hellbraun, das Gesims hervorgehoben durch kräftiges Rot, die Deckenkassetten blau mit Sternen sowie ein Sternhimmel in der Apsis. Wie bei allen anderen

Trotz der tiefgreifenden Veränderungen hat sich das äußere Erscheinungsbild der Kirche, das von kubischer Geschlossenheit und konstruktiver Sachlichkeit geprägt ist, weitgehend bewahrt. Im Obergeschoss finden heute wieder Gottesdienste statt. Das einzige erhaltene Stück der Innenausstattung ist der Taufstein, der heute jedoch in der Kirche von Eichwege bei Cottbus steht.   UL

Literatur siehe S. 73

Berlin
St. Paul

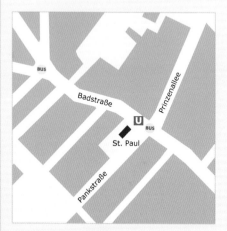

Entwurf	1832
Ausführung	1832–35
Anbau des Campanile (Max Spitta)	1889/90
Anbau von Gemeindehaus und	
Brauthalle (Johannes Kraatz)	1910
Schwere Kriegsschäden	1944
Veränderter Wiederaufbau	1957
(Hans Wolff-Grohmann)	
Neues Gemeindehaus	1963

St. Paul wurde im Rahmen des Vorstadtkirchenprogramms 1832–35 in der Nähe des Luisenbades auf dem Gesundbrunnen errichtet (zur Geschichte der Vorstadtkirchen vgl. S. 71). Schinkel hatte den Bauplatz und den Typ der Kirche selbst festgelegt und entschied sich hier für die »Kirche C« mit »antikischen Wandpfeilern«, während im benachbarten Wedding der Typ des Sichtziegelbaus im Rundbogenstil gebaut werden sollte (Nazarethkirche). Durch die Situierung auf einem Hügel, der heute im Stadtbild nicht mehr wahrzunehmen ist, erinnerte der aufgesockelte Bau an einen Podiumtempel der römischen Antike. Die Bauformen auf einen schlichten Kubus reduziert, erhielt St. Paul einen zweischichtigen Wandaufbau aus einem Steinbau imitierenden Quaderputz und aufgelegten Pilastern korinthischer Ordnung, die ein dem klassischen Kanon entsprechendes Gebälk mit Giebel tragen. Die höhere korinthische Ordnung ist auch der Raumgestaltung zugrunde gelegt, wofür Schinkel eigens eine

Planänderung vornahm und damit die einheitlichste der vier Vorstadtkirchen schuf. Auch bei St. Paul bestand das schlichte Schinkelsche Programm nicht sehr lange: Am Ende des 19. Jahrhunderts wurde die einfache Saalkirche um einen Campanile und 1910 um ein Gemeindehaus mit Brauthalle erweitert. 1944 wurde sie schwer getroffen und die klassizistische Ausstattung völlig zerstört. Nach Plänen und unter der

Ferdinand Ballermann, Ansicht von Nordosten, 183[?]

Ansicht von Nordosten, heutiger Zustand

Bauleitung von Hans Wolff-Grohmann ist St. Paul in der schlichten Formensprache der 1950er Jahre wiederaufgebaut. Grundriss und Raumgefüge sind weitgehend beibehalten; abgeändert wurde lediglich die Apsis durch Verringerung der Höhe und einem Sich-Öffnen zum Gemeinderaum. Das in den Schinkelbau behutsam integrierte Raumbild der Nachkriegszeit ist vollständig erhalten und besitzt bereits einen eigenen Denkmalwert. UL

Literatur siehe S. 73

Innenraum vor der Zerstörung

Innenraum, heutiger Zustand

Berlin
Schinkel-Pavillon

Entwurf und Ausführung	1824/25
Umnutzung als Bibliothek	1906
Renovierung	1936–38
Schwere Kriegsschäden	1943
Sicherungsmaßnahmen	1946/47
Instandsetzung und Rekonstruktion des Außenbaus	1959/60
Wiederherstellung der Innenräume	1966–70
Neueröffnung als Schinkel-Pavillon	1970
Erneuerung des Fassadenanstrichs nach historischem Vorbild	1980

Der Schinkel-Pavillon hieß ursprünglich »Neuer Pavillon« oder »Neuer Pavillon Friedrich Wilhelms III.«. Er befindet sich im Charlottenburger Schlosspark zwischen dem Knobelsdorff-Flügel, dem Spreeufer und dem Tegeler Weg, einer heute stark befahrenen Straße. Heute ist im Gebäude eine lohnende Dauerausstellung zu Kunst und Kunsthandwerk der Schinkel-Zeit zu sehen.

Das zweigeschossige, kubische Gebäude weist eine annähernd quadratische Grundfläche (18 × 16,4 m) auf. Den oberen Abschluss bildet, hinter der Attika verborgen, ein relativ flaches Zeltdach, das über eine innenliegende Treppe erreicht wird. Ein umlaufender Balkon mit Konsolen und einem Geländer aus Gusseisen ist vom ersten Obergeschoss aus betretbar und gibt dem Außenbau eine zusätzliche horizontale Gliederung. Die Fassadenmitten der Längsseiten sind im Erdgeschoss durch drei Fenstertüren und im Obergeschoss durch eine Loggia mit zwei Säulen gekenn-

zeichnet. In der Mittelachse der beiden Schmalseiten befindet sich auf beiden Geschossen jeweils eine Fenstertür, die von Scheinfenstern flankiert werden, die durch Fensterläden verschlossen sind.

Die neun Innenräume pro Geschoss sind auf einem Raster so angeordnet, dass sich auf den Schmalseiten jeweils drei mit quadratischem Grundriss und in der etwas breiteren Mittelzone drei mit rechtecki-

Wilhelm Barth, Ansicht von Nordosten, um 1830

84

Ansicht von Westen, heutiger Zustand

gem Grundriss befinden. Die Erschließung erfolgt durch eine zentrale zweiläufige Treppe, die durch ein Oberlicht beleuchtet wird.

1824 wurde Schinkel von König Friedrich Wilhelm III., der im selben Jahr mit Auguste Gräfin Harrach, der späteren Fürstin von Liegnitz, eine nicht standesgemäße Ehe geschlossen hatte, beauftragt, ein Sommerhaus zu errichten. Die Überwachung der Bauarbeiten übernahm jedoch einer seiner Schüler, der Hofbaukonducteur Albert Dietrich Schadow. Der Bau des Sommerhauses war 1825 wohl weitgehend abgeschlossen. Als Vorbild gilt die heute nicht mehr bestehende Villa Reale del Chiatamone S. Lucia in Neapel, die der König 1822 bewohnt hatte. Besonderen Wert legte der Bauherr darauf, dass der Neubau wie sein Vorbild einen umlaufenden Balkon mit Loggien erhielt. Seit 1837 war es sogar möglich, sich

unter einem zeltartigen hölzernen, blau und weiß gestrichenen Aufbau auf dem Dach aufzuhalten.

Nach dem Tod des Königs im Jahre 1840 wurde der Pavillon lange Zeit nicht genutzt. Dennoch wurden um 1880 im Erdgeschoss die Parkette durch Terrazzo-Böden ersetzt. 1906 wurde das bewegliche Original-Inventar entfernt und das Gebäu-

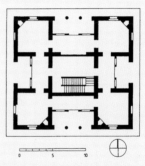

Grundriss des Obergeschosses

de bis 1922 für einen Teil der königlichen Hofbibliothek genutzt. Anlässlich der Olympischen Spiele von 1936 erfolgte eine umfangreiche Instandsetzung des Charlottenburger Schlosses. Dabei wurde 1936–38 auch der Pavillon restauriert, der größere Feuchtigkeitsschäden aufwies. Gleichzeitig gelang es der verantwortlichen Konservatorin, Margarete Kühn, anhand alter Inventarbücher, bewegliche Teile des ursprünglichen Inventars zurückzuführen und einige wichtige Möbelstücke nach alten Zeichnungen nachfertigen zu lassen. Ihr Zielvorstellung definierte sie folgendermaßen: »Das wieder eingerichtete Haus soll ebenso den Stil Schinkels zeigen wie Absicht und Eigenart des Königs, dem es seine Entstehung verdankt, und der es bewohnte.«

In der Nacht vom 22./23. November 1943 wurde der Pavillon (ebenso wie das Schloss) von Fliegerbomben so schwer getroffen, dass das Innere mitsamt den Ausstattungsstücken völlig ausbrannte und nur noch die Außenmauer sowie der umlaufende Balkon erhalten blieben. Um das Gebäude zu sichern und vor weiteren Zerstörungen zu

Ansicht von Südosten nach 1945

schützen, wurden 1946/47 die erdgeschossigen Tür- und Fensteröffnungen zugemauert.

1959–60 wurde die Gebäudehülle auf der Grundlage der Originalpläne von Schinkel und Schadow sowie einer von G. Grade 1931 angefertigten Dokumentation der Profile wiederhergestellt. Die Rekonstruktion der Innenräume gestaltete sich wesentlich schwieriger und langwieriger und konnte erst 1971 abgeschlossen werden. Nicht überall war es möglich, den ur-

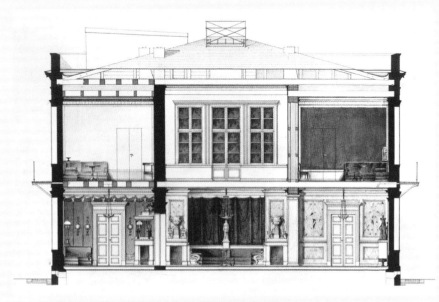

Dietrich Albert Schadow, Schnitt durch den Neuen Pavillon, 1825

sprünglichen Dekor nachzubilden. Immerhin gelang dies bei den pompejanischen Wandmalereien im Treppenhaus und im oberen Vestibül, bei den Stuckmarmorverkleidungen im Gartensaal und der Dekoration des daran anschließenden »roten Zimmers.« Das heutige Mobiliar wurde größtenteils von Schinkel selbst entworfen, stammt aber aus anderen Gebäuden. Die einzige Ausnahme bildet die festeingebaute halbrunde Sitzbank im Gartensaal, bei der es sich um eine Kopie handelt.

Basierend auf zwei historischen Ansichten des Pavillons von E. und W. Barth (um 1830) wurden 1980 sowohl das Mauerwerk als auch die Kapitelle und Fenstereinfassungen aus Sandstein mit einem rötlichweißen Farbanstrich überdeckt. Zusammen mit den grünen Fensterläden verleiht dies dem klassizistischen Bau seine ursprüngliche Eleganz.

Der geometrische Baukubus, dessen flaches Zeltdach hinter einer Attika verborgen ist, sowie die monochromen Fassaden lassen das Gebäude wesentlich moderner erscheinen als es tatsächlich ist. Der rasterförmige Grundriss deutet in dieselbe Richtung und diente höchstwahrscheinlich Ludwig Mies van der Rohe als Vorbild für die Villa Perls (erb. 1910–11) in Berlin-Zehlendorf. Der gesamte Bau wurde zwischen 2006 und 2011 außen wie innen noch einmal komplett überarbeitet und instand gesetzt. Die Umgebung erhielt eine moderne landschaftsgärtnerische Gestaltung.   PS

Literatur:

Tilo Eggeling/Regina Hanemann/Jürgen Julier: Ein Schloss in Trümmern, Charlottenburg im November 1943. Berlin 1993, S. 140–143.

Johannes Sievers: Das Vorbild des »Neuen Pavillon« von Karl Friedrich Schinkel im Schlosspark Charlottenburg. In: Zeitschrift für Kunstgeschichte 3/4 (1960), S. 227–241.

Margarete Kühn: Die Bauwerke und Kunstdenkmäler von Berlin. Schloss Charlottenburg. Berlin 1970, S. 139–164.

Fritz Neumeyer: Mies van der Rohe. Das kunstlose Wort. Gedanken zur Baukunst. Berlin 1986.

Verwaltung der staatlichen Schlösser und Gärten (Hg.): Der Schinkel-Pavillon im Schlosspark zu Charlottenburg, Berlin 1990 (5. Auflage).

Berlin

Luisenkirche
(ehemalige Stadt- und Parochialkirche)

Entwurf	1712
(Philipp Gerlach)	
Modifizierte Ausführung	1713–16
(Martin Heinrich Böhme)	
Umbau und Neubau des Turms	1823–26
(Karl Friedrich Schinkel)	
Renovierung	1878
(August Orth)	
Kriegsschäden	1943
Veränderter Wiederaufbau	1950–54
(Alfred Lagotz)	
Umgestaltung des Innenraums	1987–88
(Jochen Langeheinecke)	

Im Lauf von knapp 300 Jahren betätigten sich sechs Architekten an diesem Gebäude. Eindeutig Schinkel zuzuschreiben ist nur der Turm. Was die Aus- und Umbauten im Innern anbelangt, so ist sein Beitrag durch spätere Zerstörung und Änderungen marginalisiert worden. Nur die von ihm geschaffene Raumform ist in den achtziger Jahren des letzten Jahrhunderts wiedererstanden.

Die heutige Form der Emporenkirche über griechischem Kreuz geht auf den Barockarchitekten Philipp Gerlach zurück. Nach dessen Entwürfen entstand der Bau als erste Stadtkirche von Charlottenburg zu Beginn der 1710er Jahre. Finanziert wurde der Neubau durch einen Kirchenbaufonds, Kollekten und König Friedrich I. Nachdem der König 1713 starb, wurde der Bau unter Friedrich Wilhelm I. durch Martin Heinrich Böhme in vereinfachter Form bis 1716 vollendet. Zunächst »Stadt- und Parochialkirche« genannt, diente das Gebäude als Simultankirche Lutheranern und Refor-

mierten gleichermaßen für den Gottesdienst.

Bereits in den neunziger Jahren des 18. Jahrhunderts wurden erste Reparaturen am hölzernen Dachreiter notwendig, der nach fehlgeschlagenen Versuchen einer Instandsetzung schließlich 1814 wegen Baufälligkeit gänzlich abgetragen werden musste. Daraufhin gründete man sechs Jahre später einen »Verein zur Beförderung des Thurmbaues« und Karl Friedrich Schinkel wurde 1821 von König Friedrich Wilhelm III. mit dem Entwurf eines neuen Kirchturmes beauftragt. Überliefert ist, dass es drei Entwürfe gab: Der erste aus dem Jahr 1821 wurde als zu teuer erachtet, beim zweiten, anscheinend reduzierten, missfielen dem König Höhe und spitzer Abschluss. Der dritte und einzig erhaltene Entwurf datiert vom 30. November 1822 und zeigt – zusammen mit dem klassizistisch überformten barocken Kirchenbau – einen viergeschossigen Turm mit oktogonalem Spitzhelm. Von den darunter liegenden Geschossen

Ansicht von Westen, heutiger Zustand

Nicht ausgeführter Entwurf, 1822

sollten sich die beiden unteren in einfach abgetreppten Rundbogenfenstern öffnen. Für das darüber liegende Geschoss war eine kreisrunde Turmuhr vorgesehen und das vierte Geschoss sollte mit einer Säulenkolonnade mit Akanthusblattwerk in den Kapitellen abschließen. Die Geschosse wären durch Gesimse mit Vierpassfriesen voneinander getrennt worden. Schinkels Entwurf wurde in vereinfachter Form 1823–1826 ausgeführt – ohne die Säulenkolon-

Innenraum vor der Zerstörung

nade und als Putzbau anstelle des vom Architekten vorgesehenen Sichtmauerwerkes. Der Errichtung des Turmes folgte eine klassizistische Umgestaltung der gesamten Kirche, ebenfalls durch Schinkel. Die wesentlichste Veränderung im Innern war die Verkürzung des östlichen Kreuzarmes. Durch Einfügung einer zusätzlichen Wand entstand hinter dem Altar Platz für die Sakristei und einen weiteren Raum. Zudem erhielt der Kirchenraum eine neue Gewichtung: an die Stelle der Kreuzform trat das innere Geviert als dominierende Raumform. Akzentuiert wurde dieses durch hohe korinthische Säulen und Eckpilaster, die einen umlaufenden Architrav trugen. Schinkel schuf sie durch Überformung der bis dahin grazilen, hölzernen Emporenstützen. Der Architekt führte die Altarinsel weit in den Kirchenraum hinein und umgab sie dreiseitig mit einer Brüstung. Altar und Kanzel entstanden nach seinen Entwürfen, das Altargemälde mit einer Darstellung der »Auferstehung Christi« stammte von dem Maler Franz Ludwig Catel. 1826 folgte die Einweihung und Umbenennung der

Kirche, die in Erinnerung an die früh verstorbene preußische Königin fortan den Namen »Luisenkirche« trug.

Im Jahr 1878 wurden laut Gemeindechronik durchgreifende Renovierungen am Außenbau und im Innenraum durch den Architekten August Orth durchgeführt, die in erster Linie die Erneuerung des Kirchengestühls, den Einbau einer Orgel sowie die Erneuerung des Turmhelmes umfassten. Dem folgte 1903–1904 eine weitere grundlegende Renovierung, in deren Rahmen der Turm zwei niedrige Flankenräume erhielt und der Eingang der Ostseite um einen Portikus erweitert wurde.

Nach schweren Kriegsschäden im Jahr 1943 – die Kirche wurde bei Luftangriffen von Phosphorbomben getroffen und brannte aus – erfolgte 1950–1954 der Wiederaufbau durch Alfred Lagotz, beraten durch den damaligen Landeskonservator Hinnerk Scheper. Letzterer plädierte – erfolglos – für einen »zeitentsprechenden Neubau an der Stelle der alten Kirche«. Realisiert wurde lediglich ein »zeitentsprechender« Innenraum unter Beibehaltung des äußeren Erscheinungsbilds der Schinkelzeit. Nur die Turmbedachung fiel etwas niedriger aus: mit einem flachen Notdach in Zeltform anstelle des einstigen Spitzhelms.

Im Innenraum gab es weitreichendere Eingriffe. Die ursprüngliche Raumform von Philipp Gerlach wurde wiederhergestellt, d.h. die von Karl Friedrich Schinkel im östlichen Kreuzarm eingefügte zusätzliche Wand abgetragen. Der um drei Stufen erhöhte Altarbereich erstreckte sich nunmehr über den gesamten Kreuzarm. Die einstige Höhendifferenzierung des Raumes wich einer alle Raumelemente überspannenden Flachdecke. Diese trug ebenso wie die leicht zurückgesetzten Emporen aus Stahl dazu bei, dass die Form des griechischen Kreuzes wieder in den Vordergrund trat.

Dieser puristisch schlichten Umgestaltung des Raumes folgte 1987/88 eine weitere, ganz anderer Art, durch den Berliner Architekten Jochen Langeheinecke. Er behielt die stählernen Emporen bei, erhöhte erneut die Decke über dem inneren Geviert und gliederte es durch hohe Stützen mit modernen, an frühklassizistisches, ägyptisierendes Blattwerk erinnernden Kapitellen. Gleich Schinkel trennte er den rückwärtigen Bereich des östlichen Kreuzarmes durch eine Wand ab. Hinter dieser entstanden zwei übereinanderliegende Gemeinderäume, von denen sich der untere dem Kirchenraum in raumhoher Verglasung, der obere in großformatigen, kreuzförmigen Fenstern öffnet.

Langeheineckes Umgestaltung der Kirche schließt somit den Kreis zu Karl Friedrich Schinkel. Sie erinnert an das festliche, klassizistische Gepräge, an das von Schinkel geschaffene Raumgefühl, ohne indes eine bloße Rekonstruktion darzustellen. Der Raum mit seinen postmodernen Zitaten ist ein Raum des späten 20. Jahrhunderts, nicht der Schinkelzeit.   KWE

Literatur

Birgit Jochens (Hg.): Verändert wieder gekommen. Die Geschichte der Luisenkirche und ihrer Gemeinde 1943 bis 1953. Berlin 2003.

Inneres, heutiger Zustand

Berlin
Schloss Tegel

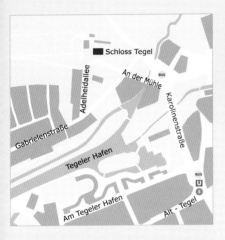

Erste Erwähnung des Gutshauses
Tegel   1558
Übergang des Besitzes an die
Familie Humboldt   1766
Umbauentwurf   um 1819
(Karl Friedrich Schinkel)
Ausführung   1820–24
Sanierungen   1956–59,
                                               1989–92

Der Gutshof Tegel wurde vermutlich Mitte des 16. Jahrhunderts von dem kurfürstlichen Sekretär und späteren Bürgermeister von Cölln Hans Bretschneider errichtet und unter Kurfürst Friedrich Wilhelm als Jagdschloss genutzt. Seit 1766 befand sich das Anwesen im Besitz der Familie von Humboldt. Am Beginn des 19. Jahrhunderts waren noch das Hauptgebäude und ein Seitenflügel erhalten, die durch einen Turmbau mit Haube verbunden waren. Das Gelände des späteren Parks wurde landwirtschaftlich genutzt. Wilhelm von Humboldt war seit der Erbteilung mit seinem Bruder Alexander ab 1802 alleiniger Eigentümer des Anwesens. Nachdem er viele Jahre als Gesandter im Dienste Preußens in Rom und London gelebt hatte, legte er nach den Karlsbader Beschlüssen 1819 seine Ämter nieder und zog sich in das Privatleben zurück. Um für seinen Hausstand Platz zu schaffen, sollte das Haus in Tegel ausgebaut werden. Zugleich sollte es die Sammlung originaler antiker Skulpturen

und Abgüsse aufnehmen, die Wilhelm und Caroline von Humboldt vor allem in ihren römischen Jahren zusammengetragen hatten. Schinkel, den die Familie 1803 in Rom kennen gelernt hatte und der seine Stellung bei der Oberbaudeputation der Fürsprache Wilhelms von Humboldts verdankte, stand von vornherein als Architekt fest. Der Umbau, für den der eine Flügel des renaissancezeitlichen Vorgängerbaus und der alte Turm überformt sowie eine barocke Scheune abgerissen wurden, zog sich von 1820–24 hin. Dank der guten Planung der Bauabschnitte war es möglich, die Wohnung im Altbau auch während der Bauarbeiten zu nutzen.

Auf Wunsch des Bauherrn und seiner Familie sollten der alte Turm und der Altbau, mit denen die Familie viele gute Erinnerungen verband, erhalten werden. Schinkel nahm das Motiv auf und besetzte die vier Ecken des neuen Gebäudes mit dreigeschossigen Türmen, die das alte Haus auf der Eingangsseite und den Neubau auf

Ansicht von Süden, heutiger Zustand

der Gartenseite schützend in ihre Mitte nehmen. Das ganze Gebäude ist in strahlendem Weiß gehalten und wird durch umlaufende Gesimsbänder gegliedert. Die vier Ecktürme, deren Wandflächen mit einer feinen horizontalen Nutung versehen sind, tragen acht im Atelier von Rauch hergestellte Reliefplatten, die Wind-Genien in Gestalt alter und junger Männer darstellen. Es handelt sich dabei um klassizistische Nachschöpfungen der Skulpturen am Turm der Winde in Athen, einem achteckigen Bauwerk aus der römischen Kaiserzeit, das den Göttern der Zeit und der Winde geweiht war. Das Haus Humboldts verweist mit diesem Architekturzitat auf die Allmacht der Zeit und des stürmischen Weltenlaufs.

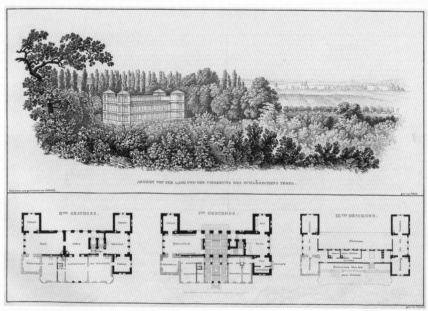

Ansicht und Grundrisse (Sammlung Architektonischer Entwürfe, 1824)

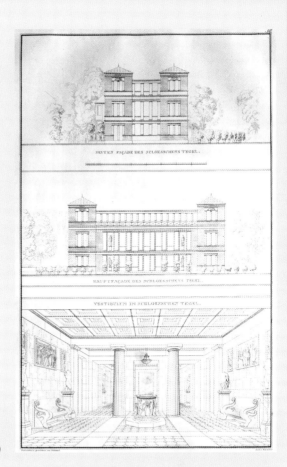

Seitenfassade, Hauptfassade, Atrium und Pozzo (Sammlung Architektonischer Entwürfe, 1824)

Auf der Eingangsseite blieb das alte Haus in seiner Wirkung unangetastet. Der klassizistisch überformte Südturm und der neue Ostturm sind so weit zurückgesetzt, dass sich dazwischen die zweigeschossige Fassade mit den halbrunden Eckerkern im Obergeschoss frei entfalten kann. Nur der Eingangsbereich mit den zwei seitlichen Fenstern erhielt eine zurückhaltende Rahmung und eine schmale Verdachung sowie eine kurze Freitreppe. Der glatte, weiße Verputz schuf die Verbindung zu den neuen Gebäudeteilen. Die Gartenseite, die Schinkel in mehreren perspektivischen Zeichnungen dargestellt hat, lässt von dem Altbau, an den sich die neuen Bauten anlehnen, nichts erahnen. Hier entwickelte er mit dem breit gelagerten, von den Türmen und horizontalen Streifen zusammenge-

fassten Baukörper, den hochrechteckigen Fenstern, dem noch einmal zurückgesetzten zweiten Obergeschoss mit der Dachterrasse seine Vorstellungen von einer modernen, spielerisch auf die Antike verweisenden Villa. Die Statuen der Artemis, des Satyrs nach Praxiteles und der Amazone in den Nischen der Gartenfassade spielen auf den Naturbezug des Hauses an und leiten in den Park über, an dessen westlichem Ende in der Sichtachse ein schlichtes Familienbegräbnis liegt. Auf einer hohen Säule steht die Marmorkopie einer Figur der Spes (Hoffnung), die Bertel Thorvaldsen nach der kurz darauf verstorbenen Tochter der Humboldts in Rom gebildet hatte.

Im Inneren herrscht bürgerliche Behaglichkeit. Alles ist wohl geordnet und trickreich organisiert. Kurze Wege und überraschende Verbindungen erleichterten das Alltagsleben der Familie und ihrer Dienstboten. Vom Eingang aus gelangt man in ein würdevolles Vestibül, das dem Eintretenden sogleich den hohen Anspruch des Gebäudes vor Augen führt. In lockerer Weise sind hier Motive des altrömischen Atrium-Hauses mit griechischen Elementen verbunden. Die Wände sind stuckiert und mit einer großformatigen Quaderung versehen. In der Mitte des Raumes steht ein antiker Brunnen, der an das Wasserbecken in den altrömischen Häusern erinnert. Im Hintergrund wird der Raum von zwei griechisch-dorischen Säulen begrenzt. Über einen Zwischenraum, der als Verbindungsgang für die Dienerschaft fungiert, betritt man das gartenseitige Vestibül, das sich mit zwei Türen zu der großen Bibliothek, dem Arbeitszimmer Wilhelm von Humboldts, öffnet. Die beiden anschließenden Turmzimmer enthielten ein Kabinett und das Zimmer des Kammerdieners. Atrium, Flur und Gartensaal bilden zusammen eine

durchgehende, nur von den Säulen und schmalen Wandpfeilern voneinander getrennte Raumfolge. Im vorderen Teil des Hauses, dem Altbau, waren im Erdgeschoss Räume für die Bediensteten untergebracht. Die Nordseite wurde von der Küche, der Speisekammer und einem Bad eingenommen. Über ein Treppenhaus neben dem hinteren Vestibül, das mit Tapetenmalerei im pompejanischen Stil geschmückt ist, gelangt man in das Obergeschoss, das im Altbau die Wohn- und Schlafzimmer der Herrschaft und auf der Gartenseite repräsentative Räume, den Antikensaal, den Salon und über der Küche den Speisesaal enthielt. Im zweiten Obergeschoss, das im mittleren Teil des Hauses die Turmzimmer verband, lagen Wohnungen für die Familie.

Die Erben Humboldts sahen keinen Grund, die praktische Anordnung und die so eindrücklich durch den Bauherrn und seinen kongenialen Architekten geprägte Gestaltung der Räume zu verändern. Früh jedoch gab es Schäden am Verputz, die repa-

J. Poppel, Alexander Humboldt im Park von Schloss Tegel, kolorierter Stich nach L. Rohbock, um 1850

riert werden mussten. 1956 bis 1959 wurde das Schloss saniert. Ausbesserungen führte man in Zementmörtel aus, der sich mit den historischen Materialien nicht vertrug. Nach dem Zweiten Weltkrieg gelangten viele Ausstattungsstücke und Antiken über manchen Umweg in Privatbesitz oder in die Museen, so dass das Gesamtkunstwerk im Inneren nur noch lückenhaft überliefert ist. 1989 begann man mit einer umfassenden Sanierung, bei der der Verputz gänzlich erneuert und die originalen Reliefs der Windgötter aus konservatorischen Gründen abgenommen und durch moderne Kopien ersetzt wurden.

In Tegel haben Wilhelm von Humboldt und Karl Friedrich Schinkel dem Traum einer leichten, der griechischen Antike verpflichteten Lebensweise architektonische Gestalt verliehen. Auf anmutige Weise sind Privatleben und Bildungsanspruch miteinander verbunden. Außerdem ist hier die Idee von einem modernen Museum verwirklicht, das in Preußen bis zum Bau des Museums im Lustgarten fehlte. Humboldt ermöglichte der Allgemeinheit den Zutritt zu seiner Sammlung. Die Antiken sind entsprechend ihrer ikonographischen Bedeutung den privateren oder repräsentativeren Räumen zugeordnet. Viele Stücke waren beweglich aufgestellt, so dass sie der Besucher nach dem Licht drehen konnte, um sie besser zu studieren. Um den Pozzo aus San Callisto im Vestibül entspann sich eine international geführte Diskussion um den richtigen Umgang mit dem Kulturerbe, die Vieles von dem vorweg nahm, was später in der Theorie der Denkmalpflege entwickelt werden sollte. In dem Grundkonflikt, ob man ein originales Werk ergänzen kann, ohne seine Authentizität zu stören, oder ob man es ergänzen soll, um die ursprünglich beabsichtige Gesamtform sichtbar und damit den Bedeutungszusammenhang wieder ablesbar zu machen, bezogen die von Humboldts zugunsten der Ergänzung Stellung, die aber ablesbar ist, und die zusätzlich durch eine neue Inschrift erklärt wird.

Martin Tandezki, Bauaufnahmezeichnung einer Wanddekoration, 1946

In ihrer Nachfolge ist es schlüssig, dass auch die jüngsten Restaurierungen versuchen, den verlorenen Zustand des Hauses zur Zeit Humboldts und Schinkels wieder nachzubilden. Allerdings ist Schloss Tegel kein Museum, sondern wird bewohnt und kann infolgedessen nur ausnahmsweise besichtigt werden. Die Ansprüche an die Haustechnik und den modernen Wohnkomfort und die ästhetischen Vorstellungen des 20. Jahrhunderts haben ihre Spuren hinterlassen.　　　　SB

Literatur

Wilhelm Dürks: Das Schlösschen Tegel. Ein Renaissancebau aus der Zeit Joachims II. In: Mitteilungen des Vereins für die Geschichte Berlins 52 (1936), S. 46–48.

Paul Ortwin Rave: Wilhelm von Humboldt und das Schloss zu Tegel. Berlin 1956.

Hans Kania/Hans-Herbert Möller: Mark Brandenburg (Karl Friedrich Schinkel-Lebenswerk, Bd. 10). Berlin 1960, S. 31–45.

Joachim Seeger: Schloß und Park Tegel. München/Berlin 1964.

Hartmann M. Schärf: Die klassizistischen Landschloßumbauten Karl Friedrich Schinkels. Berlin 1986, S. 85–128.

Christine von Heinz: Schloss Tegel. München/Berlin 2001.

Berlin

Die Bauten auf der Pfaueninsel

Kavalierhaus

Ursprungsbau	1803/04
(Friedrich Ludwig Carl Krüger)	
Ankauf der Fassade eines Danziger	
Patrizierhauses von 1520	1823
Umbau	1824–26
(Karl Friedrich Schinkel)	

Schweizerhaus

Entwurf	1829
Ausführung	1829–30
(Albert Dietrich Schadow)	

Im Jahr 1793 erwarb König Friedrich Wilhelm II. die in der Havel nahe dem Wannsee gelegene Insel »Kaninchenwerder« für das Haus Hohenzollern. Die Insel wurde im empfindsamen Sinne mit phantasiereichen Bauwerken und einer Menagerie (Tiergehege) sowie einem Tierpark, in dem auch Pfauen untergebracht waren, angelegt. Seither wird sie als »Pfaueninsel« bezeichnet. Peter Joseph Lenné gestaltete seit 1822 unter Friedrich Wilhelm III. die Insel im Stil eines englischen Landschaftsgartens mit einem System sich schlängelnder Wege und Sichtachsen tiefgreifend um. In dieser Zeit war Karl Friedrich Schinkel auf der Pfaueninsel tätig. 1824–26 baute er das Kavalierhaus um, 1829 lieferte er die Pläne für den Bau des Schweizerhauses, 1830 für das (1880 abgebrannte) Palmenhaus. Der bisweilen mit Schinkel in Verbindung gebrachte Luisentempel ist kein Werk des Meisters. Die Pfaueninsel ist heute Teil des einzigartigen Berlin-Potsdamer Weltkulturerbes.

Kavalierhaus (Danziger Haus)

Das Kavalierhaus ist in seinem Ursprung ein 1803/04 für den königlichen Hof in der Mitte der Insel errichtetes Wohn- und Wirtschaftsgebäude. Der ehemalige Vierseithof, mit eingeschossigem Wohnbau mit Mezzanin zwischen zwei Türmen, war durch die landwirtschaftliche Nutzung eines Teils der Insel erforderlich geworden. Erbaut wurde er von Friedrich Ludwig Carl Krüger aus Potsdam.

Heute zeigt es sich als ein breit gelagerter, zweistöckiger Putzbau mit Mezzanin und Satteldach zwischen zwei rahmenden Türmen. Der südliche sechsgeschossige Turm mit Zinnen überragt den nördlichen Turm um zwei Geschosse. Mit seiner prachtvollen gotischen Sandsteinfassade mit hohem Erdgeschoss und Eingangsdiele beherrscht er das Gebäude wirkungsvoll und akzentuiert das Erscheinungsbild. Der Mitteltrakt ist durch fünf Fensterachsen in gleich-

Das Kavalierhaus von Westen, heutiger Zustand

mäßiger Reihung gegliedert, wobei die drei mittleren Fenster durch ihre Größe und Ausstattung hervorgehoben sind. Mitteltrakt und nördlicher Turm sind mit gotisierenden Ornamenten, der nördliche Turm ebenfalls mit Zinnen ausgestattet.

1822 sollte in Danzig ein spätgotisches Patrizierhaus abgerissen werden, da an seiner Stelle der Neubau eines Geschäftshauses vorgesehen war. Das repräsentative Haus in der Brodbänkengasse stammte aus dem Jahre 1520 und war an den Maurermeister Gronau verkauft worden, der bereits mit dem Abbruch begonnen hatte, als in Danzig Protest gegen die Vernichtung spätgotischer Architektur laut wurde. Die sechsgeschossige Sandsteinfassade wurde 1823 von dem Darmstädter Architekten Georg Moller in seinem Werk »Denkmaehler der Deutschen Baukunst« als Kupferstich abgebildet. So erregte das Haus die Aufmerksamkeit Friedrich Wilhelms III., der noch im gleichen Jahr die Fassade erwarb. Der Ankauf für 300 Taler wurde durch den vielfach um die Erhaltung mittelalterlicher Baudenkmäler bemühten Oberpräsidenten der Provinzen Ost- und Westpreußen, Theodor von Schön, vermittelt.

Die Erwerbung der Danziger Fassade war Anlass, die zu der Zeit hoch geschätzte Gotik auf der Pfaueninsel erneut zu inszenieren. Die Fassade des Hauses wurde 1823 unter der Leitung Schinkels abgetragen und die Architekturteile per Schiff nach Berlin gebracht. Nach der Vorstellung des Königs sollte die Fassade freistehend ohne Verbindung zu einem Gebäude auf der Insel errichtet werden. Schinkel, dem dieser kulissenartige Aufbau widerstrebte, schlug mit Hilfe einer Zeichnung vor, die Danziger Fassade dem südlichen Turm des Kavalierhauses vorzublenden. Der König stimmte dem Vorhaben nicht zuletzt aus Sparsamkeitsgründen zu, konnte doch so der Bau eines zweiten, bereits geplanten Kavalierhauses vermieden werden.

Der Umbau begann 1824 mit dem Abriss der Nebengebäude und der Aufstockung des Wohntraktes. Die Fundamente des südlichen Turmes erwiesen sich aber als zu schwach, um dem zusätzlichen Gewicht der Sandsteinfassade und der durch die Höhe der Fassade notwendigen Aufstockung standzuhalten. Der Turm musste abgebrochen und neu errichtet werden. Schinkel veränderte nicht nur durch die vorgeblendete Danziger Fassade das Erscheinungsbild. Die Fassade des ursprünglichen Baus glich er durch eine gotisierende Putzornamentik dem spätgotischen Vorbild an, die diesem jedoch den Vorrang innerhalb des gesamten Ensembles lässt.

Das neue Kavalierhaus wurde als Sommerwohnung für die Kinder Friedrich Wilhelms III. und seiner Gemahlin Königin Luise eingerichtet.

Noch heute zeigt sich das Kavalierhaus unverändert in dem Zustand, in den es 1824–26 von Schinkel versetzt wurde.

Die an ihrem Erbauungsort zum Abbruch freigegebene Fassade des spätgotischen Patrizierhauses wurde durch das Einwirken des Königs und Schinkels nach Berlin verbracht, um dort wieder sichtbar gemacht zu werden. Die Translozierung der Fassade ist ein frühes und wichtiges Beispiel eines im 20. Jahrhundert häufiger angewendeten Verfahrens. Schinkels Verdienst ist es, dass die Architekturteile der Danziger Fassade nicht als Staffage in eine Parklandschaft versetzt wurden, womit ihr ein skulpturaler Charakter verliehen worden wäre. Mit einem bestehenden Bauwerk verbunden, machte er sie wieder als Gebäude begreifbar und erlebbar.

Die ursprüngliche Funktion und Bestimmung der Stadthausfassade wurde dabei negiert. Sie wurde stattdessen als Versatzstück in ein neu entstandenes Ensemble integriert. Der Charakter der aufstrebenden schmalen gotischen Fassade, ehemals zwischen gleich hohen Häusern stehend, war ein ganz anderer. Auf der Pfaueninsel entstand ein breitgelagerter Bau mit klassizistischem Ausdruck, dessen Turm sie bildet.

Architektur wird als ästhetisch schöne Gestalt inszeniert, die mit der umgebenden Natur in Einklang steht und einen idyllischen Reiz besitzt, der zum Charakter der übrigen Bauten auf der Insel passt.

Die das Gebäude harmonisch unterbrechende Nadelholzgruppe wurde im ›Schinkel-Jahr‹ 1981 an dem von Schinkel vorgesehenen Ort neu gepflanzt.

Das Kavalierhaus wird heute bewohnt und kann daher nicht besichtigt werden.

Schweizerhaus

Fehlender Wohnraum für das Gartenpersonal und die Dienerschaft machten einen Neubau auf der Pfaueninsel notwendig.

Das Schweizerhaus von Süden, heutiger Zustand

Entwurf zum Schweizerhaus, 1829

Schinkel entwarf in seiner Skizze 1829 ein Gärtnerhaus im damals beliebten »Schweizer Stil«.

Das »Schweizerhaus« war bereits im späten 18. Jahrhundert ein typisches Element in Landschaftsgärten. Meist wurde die Wohnung des Gärtners, des Parkwächters oder eines Försters darin untergebracht.

Schinkel hatte sich schon seit seiner Reise nach Salzburg im Jahre 1811 auf Zeichnungen und Gemälden mit der detaillierten Wiedergabe des Typus des alpenländischen Hauses beschäftigt.

Mit wirklichen Schweizer Bauten hat das Gebäude weniger zu tun. Mit der Aufnahme dieses Stils wurde vielmehr die Idee eines bäuerlichen Lebens im Alpenraum, ein Leben, das von Natur-, Freiheits- und Heimatliebe allein bestimmt erschien, transportiert.

Aus der romantischen Dichtung ist dies mehr noch als aus der bildenden Kunst bekannt. Schinkel steht damit in der Tradition von Albrecht von Hallers Gedicht »Die Alpen«, Jean-Jacques Rousseaus Verherr-lichung der Alpennatur oder Friedrich von Schillers Wilhelm Tell, die die Schweiz als Inbegriff eines naturnahen und einfachen Lebens in Beständigkeit und Rechtschaffenheit sahen. Schinkel führt so den Gedanken der Verherrlichung von Naturnähe, Unverdorbenheit und gesellschaftlicher Unschuld fort, der mit dem Gleichnis der Pfaueninsel als Tahiti begonnen worden war und erweiterte gleichzeitig die Stilvielfalt der Insel-Architektur.

Vermutlich hat Schinkel selbst den erhöhten Bauplatz an der Südspitze der Pfaueninsel zwischen Schloss und Kastellanhaus bestimmt. Das Schweizerhaus sollte als Bedienstetenwohnung nahe zu diesen beiden Gebäuden liegen. Zugleich wurde der Standort so gewählt, dass das Haus durch dichte Bepflanzung und geschickte Wegführung vom Schloss und den übrigen Gebäuden völlig getrennt war. Ursprünglich führte ein geschwungener Weg vom Kastellanhaus hinauf zum Schweizerhaus. So gelangte man beim Hinaufsteigen direkt vor die Hauptfassade mit dem von Holzsäulen betonten Eingang. Der Blick öffnet sich von dem kleinen Vorplatz aus zur landschaftlichen Weite auf die Havel und die Höhe von Nikolskoe, das Haus ist in seiner Höhenlage als von der Insel losgelöste Einheit erlebbar. Anders als im empfindsamen Garten des späten 18. Jahrhunderts wurde das Haus nicht als Sichtpunkt oder als Versatzstück in der Landschaft genutzt. Im romantischen Landschaftspark wurde es so weit abseits als möglich gerückt und auf die naturbelassene Seenlandschaft bezogen.

Die Ausführung wurde dem Potsdamer Architekten Albert Dietrich Schadow übertragen, der vielfach mit der Bauleitung der höfischen Bauten, später vor allem unter Persius und Stüler, tätig gewesen ist.

Das Gebäude lehnt sich nicht durch seine Baukonstruktion, Bauausführung oder innere Aufteilung, sondern nur durch sein äußeres Erscheinungsbild an seine Vorbilder an.

Das Schweizerhaus ist ein breit gelagerter, an seinen Hauptfassaden eingeschossiger Putzbau. Der durch halbrunde Fenster betonte Sockel erscheint durch den polygonales Steinmauerwerk imitierenden Putz kraftvoll und urtümlich. Erst an den Giebelseiten wird ein zweites Geschoss sichtbar. Die großen Fenster erinnern durch die Verwendung des Materials Holz für ihre Umrahmungen und vor allem für ihre Brüstungen, die durch geschnitzte Rosetten geschmückt sind und auf Konsolen ruhen an alpenländische Bauernhäuser. Drei Sandsteinstufen führen zum tief in den Baukörper eingeschnittenen mittigen Eingang in der Westfassade. Die beiden rustikal wirkenden viereckigen Holzsäulen mit Würfelkapitell schließen optisch die Fassadenflucht. Sie tragen wie das weit vorkragende

Dach mit den hölzernen Schnitzereien der Dachkanten wesentlich zum Erscheinungsbild bei. Schinkel schafft mit diesen stark gliedernden Bauelementen eine klare Struktur des Baukörpers. Auf Höhe der Fensterbrüstungen zieht sich ein balustradenartiges Band um das Gebäude, das die Fenster verbindet. Es imitiert zwar eine geschnitzte Holzverzierung, ist jedoch aus dem haltbareren Material Putz gefertigt. Auch die Ornamente über den Fenstern wurden nicht aus Holz hergestellt, sondern in den Putz geschnitten.

Die Ausführung zeigt gegenüber der Skizze eine deutlich größere Geschosshöhe, was dem Bau den leicht gedrückten Eindruck nimmt. Die Details, aber vor allem die veränderten Proportionen und die Errichtung als Putzbau lassen das Gebäude als klassizistisches Wohnhaus erscheinen.

Wie bei vielen Bauten Schinkels sind auch beim Schweizerhaus die Stimmigkeiten der Proportionen, die organische Zusammenfügung der einzelnen Teile und die nüchterne klare Grundcharakter kennzeichnend. Das Schweizerhaus wird heute als Gärtnerhaus bewohnt und kann nicht besichtigt werden. **DSP**

Literatur

Karl Breuer: Die Pfaueninsel bei Potsdam. Eine Schöpfung Friedrich Wilhelms II. und Friedrich Wilhelms III. Berlin 1923, S. 94–97.

Friedrich Backschat: Die Danziger Hausfassade auf der Pfaueninsel. In: Mitteilungen des Vereins für die Geschichte Potsdams, N.F. 7 (1935), S. 140–141.

Caesar von der Abé: Vom Kavaliershaus auf der Pfaueninsel. Brandenburgia 49 (1940), S. 27–38.

Karl Friedrich Schinkel, 1781–1841, Ausstellungskatalog, Staatliche Museen zu Berlin, Altes Museum. Berlin 1982, Nr. 310.

Michael Seiler: Die Pfaueninsel. Potsdam 2000 (2. Auflage).

Berlin
Schloss Klein-Glienicke

Bau des Gutshauses Klein-Glienicke	um 1750
Umgestaltung	1814–15
Umbau (Schloss, Kasino, Kleine Neugierde und Jägerhof)	1824–27
Bau der »Großen Neugierde«	1835–37
Veränderungen (Ludwig Persius)	1840–44
Verändernde Sanierungen, Rekonstruktionen der verwahrlosten Anlage	seit 1950

Wie die meisten Schlossbauten Schinkels ist auch Klein-Glienicke als Umbau entstanden; die Geschichte von Bauten und Park reicht vor Schinkel zurück und geht weit über ihn hinaus. Dennoch ist es Schinkels, in kongenialer Gemeinschaft mit Peter Joseph Lenné (1789–1866) komponiertes Bild eines landschaftlich gebundenen Fürstensitzes, das trotz aller Veränderungen

Schloss von Süden, heutiger Zustand

und bis heute die Gartenlandschaft südlich des Jungfernsees an der Glienicker Brücke zu einem einzigartigen Gesamtkunstwerk macht.

Bereits 1814 war Schinkel durch den damaligen Besitzer Rudolph Rosentreter mit der Umgestaltung des aus der Mitte des achtzehnten Jahrhunderts stammenden Gutshauses beauftragt worden. Ende 1815, nachdem der preußische Staatskanzler Karl August von Hardenberg das Haus übernommen hatte, war dieser erste Umbau vollendet. Neben einer Neufassung des Äußeren zu einer etwas altmodischen, an David Gillys Frühklassizismus orientierten Gestalt betraf der Eingriff vor allem das Innere. Mit einem neuen, unterhalb des bestehenden Hauptgeschosses gegründeten Erdgeschoss mit dreiteiligem Gartensaal, einem großzügigen, doppelläufigen Treppenvestibül und dem das Hauptgeschoss in seiner ganzen Tiefe durchstoßenden Festsaal war das eher anspruchslose Gutshaus zu einer vornehmen *villa suburbana* gewor-

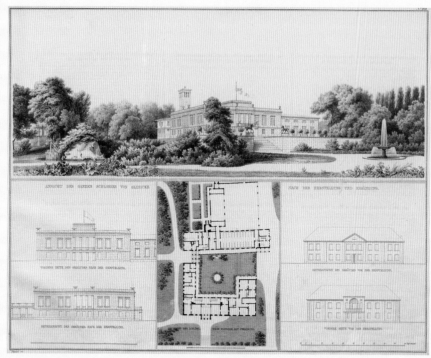

Schloss mit Grundrissen und Vorzustand (Sammlung Architektonischer Entwürfe, 1840)

den, die in Raumfolge und Ausstattung auch gehobenen Repräsentationsansprüchen genügte.

In dieser Gestalt, die uns Schinkel in seiner Sammlung Architektonischer Entwürfe als Vorzustand überliefert, wurde Klein-Glienicke 1824 von Prinz Carl (1801–1883), dem dritten Sohn Friedrich Wilhelms III., erworben. Schwerpunkt der im folgenden Jahr begonnenen Umbauarbeiten war nun das Äußere des ehemaligen Gutshauses, das durch seinen neuen Besitzer formal in den Rang eines Schlosses aufgestiegen war. Das steile Walmdach wurde gegen eine flachere Zinkblechverdachung ersetzt, die vollkommen hinter einer hohen Attika verschwand. Sie verbindet die mit flachem Mittelrisalit und niedrigem Altan (Pfeilerreliefs erst 1840, vermutlich durch Persius) unverändert als Hauptfront gekennzeichnete Süd- mit der ähnlich gegliederten Westfassade, so dass das Gebäude jetzt in der von Schinkel gewählten Südwestperspektive

als flacher, homogener Quader erscheint. Deutlich setzen sich der bis 1844 noch niedrigere Ost- und vor allem der freistehende Nordflügel mit seinem 1832 von Schinkel ergänzten Belvedereturm dagegen ab, indem sie sich als scheinbar zufällig gewachsenes, ungezwungen gefügtes Ensemble nach Nordosten zum Landschaftspark öffnen.

In der Detailbildung durch flache Putzquaderung, steil proportionierte Fenster mit flachen Verdachungen, kannelierte Pfeiler im Risalit sowie insgesamt zurückhaltenden Bauschmuck gestrafft, verbindet das Äußere formale Logik und klassizistische Strenge mit der Leichtigkeit des vom Bauherrn gewünschten italienisierenden Villenstils: ein Oszillieren, das nicht nur charakteristisch für diese sich seiner zweiten Italienreise (1824) anschließenden Schaffensperiode Schinkels ist, sondern das hier in ganz besonderer Weise der Vornehmheit der Bauaufgabe entsprach.

Hof von Osten, Belvedereturm, Pergola und Remise (Sammlung Architektonischer Entwürfe, 1840)

Nimmt man das Bauwerk für sich, erscheint es seiner Würde nur angemessen, wenn Schinkel es noch 1840 für seine Sammlung Architektonischer Entwürfe mit Eingangsterrasse, Freitreppe und Fontäne dem fürstlichen Anspruch gemäß als selbstbewussten Mittelpunkt des Gartenreichs darstellt. Tatsächlich ist das Gegenteil der Fall.

Blick in den Hof von Nordosten, 1937

Bewusst verzichtete Schinkel auf einen frontalen Zugang des Gebäudes über den Mittelrisalit seiner nach Süden, zu Pleasureground und Straße gerichteten Hauptfront, um die Besucher stattdessen über eine lange Zufahrt vom Obertor durch den Park tangential an seine Ostseite heranzuführen. Auch hier findet sich kein Eingang im eigentlichen Sinn (der ursprünglich freistehende Eingangspropylon wurde erst 1840 durch Ludwig Persius angefügt), sondern die durch eine Verkürzung des Ostflügels gewonnene Öffnung des Hofes zwischen dem zuvor U-förmigen Schloss und dem zum Kavalierhaus mit Gästewohnungen umgebauten Ökonomiegebäude. Der wirkliche Eingang zum rückwärtigen Vestibül des Südflügels erschließt sich über einen um den Hof geführten, gusseisernen Laubengang: Eine Lösung, die intimer kaum zu denken ist, dennoch aber den Charakter des Hauses als Refugium eines gelehrten und kunstsinnigen Fürsten eindrucksvoll

103

vertritt. Wie zufällig hier zusammen gekommen, tatsächlich aber von Prinz Carl
mit Hilfe des Bildhauers Christian Daniel
Rauch (1777–1857) sorgfältig komponiert,
wird der Hof von originalen antiken Frag-
menten und Kopien bedeutender Kunst-
werke bevölkert. Wie im annähernd zeit-
gleichen Charlottenhof bildet auch hier
eine Kopie der antiken Ildefonsogruppe
das Zentrum des Hofes.

Blick durch den Hof von Südwesten, heutiger Zusta

Im Inneren des Hauses, dessen Einteilung
weitgehend der 1814/15 gefundenen Gestalt folgte, setzte sich dieser Anspruch in
einer Raumfassung fort, die mit zurückhaltenden antikisierenden Gliederungen und
kräftigen farbigen Flächen den Rahmen
für die reiche Sammlung des Prinzen gab.
Neben dem Schloss war Schinkel mit Um-
und Neubauten von Nebengebäuden und
Parkarchitekturen beschäftigt. Schon vor
den Arbeiten am Haupthaus begann er 1824
mit der Umgestaltung eines ehemaligen
Billardhauses zum sog. Kasino, das als nördlicher Abschluss des ab 1816 durch Lenné
angelegten Pleasuregroundes zugleich Lust-
und Gästehaus mit Havelpanorama sein
sollte. Stilistisch wie das Schloss mit akzen-
tuierter Massen- und Horizontalgliederung
im klassizistisch disziplinierten Villenstil angelegt, gewinnt das kleine Gebäude seine
charakteristische Gestalt durch zwei seitlich weit ausladende Pergolen. Sie geben
dem kompakten Kasino eine Breite, die es,
ohnehin erhöht über der Havel thronend,
es zu einem weithin sichtbaren Blickfänger
der Parkanlage machen. Umgekehrt machen sie die Verschmelzung von Architektur und Landschaft besonders sinnfällig –
als Laubengänge bilden sie nicht nur den
architektonischen Rahmen für den Blick
vom Pleasureground über die Havel, sondern schaffen durch ihre Berankung einen
optischen wie tatsächlichen Übergang von
Architektur zu Natur.
Am entgegengesetzten Ende des Pleasuregrounds war kurz nach Anlage der Chaus-
see nach Potsdam 1796 ein Teehaus errichtet worden, aus dem heraus der Verkehr

auf der Straße beobachtet werden konnte.
Den deshalb als »Neugierde« bezeichneten
kleinen Antentempel überformte Schinkel
zeitgleich mit dem Schloss in ähnlicher
Stillage – gleichmäßige Putzquaderung, Ho-
rizontalisierung des zuvor von einer Lünet-
te abgeschlossenen Portikus sowie streng
rechteckige Fenster waren die wenigen
Eingriffe, die zusammen mit der pompejanischen Dekoration seines Inneren das Gebäude zu einem kleinen Musterstück Schinkels streng klassizistischer Phase machen.
Ganz anders präsentiert sich der entfernt
im Nordosten zum Krughorn gelegene Jägerhof, den Schinkel 1827 nach Vorgaben
Prinz Carls entwarf. Wiederum unter Nutzung vorhandener Substanz entstand eine
auf malerische Wirkung angelegte Baugruppe mit einem Haupthaus für Jäger und
Pferdestallung und einem Zwingergebäude
für die Jagdhunde. Durch eine abgewinkel-

Gartensaal, 1937

Rekonstruierter Innenraum im Obergeschoss, heutiger Zustand

te Mauer mit einander verbunden, schaffen hohe Blendgiebel, Fenster und das charakteristische baywindow an der Stirnseite des Zwingers die vom jagdbegeisterten Prinzen gewünschte Nähe zum damals modischen englischen Landhausstil.

Als viertes Werk Schinkels wurde schließlich erst 1835–37 der als Gegenstück zum kleinen Teehaus oft als Große Neugierde bezeichnete Rundtempel an der südöstlichen Ecke des Pleasuregrounds errichtet. Anlass für die Errichtung des Tempels war die 1834 ebenfalls nach Entwürfen Schinkels neu erbaute Glienicker Brücke, an deren westlichem Brückenkopf der erhöht gelegene Rundbau als Aussichtspunkt und Teehaus dienen sollte. Zunächst 1835 als offene, von 16 korinthischen Säulen umgrenzte Laube errichtet, wurde die Rotunde im nächsten Jahr um ein flaches Zinkdach und einen schlanken, im Zentrum der Laube von einem runden Mauerkern ge-

tragenen Aufsatz ergänzt, der wohl nach einer Idee Kronprinz Friedrich Wilhelms dem antiken Athener Lysikrates-Monument nachgebildet wurde. Neben dem erneuten, sicher auch im Zusammenhang mit Prinz Carls Sammelleidenschaft stehenden Antikenbezug (ausdrücklich wünschte Carl eine genaue Rekonstruktion), stand die

Kasino von Südosten, heutiger Zustand

105

Rotunde abermals für die landschaftliche Gebundenheit von Schinkels Bauten für Glienicke, indem sie einerseits die Plattform für ein großartiges Panorama über Park und Havel bot, andererseits aber eine weithin sichtbare Dominante des Parks bildete.

Klein-Glienicke hatte in der Folge eine wechselvolle Geschichte. Durch zahlreiche zusätzliche Bauten – u. a. Orangerie, Klosterhof, Wirtschaftshof, Hofgärtner-, Dampfmaschinen- und Matrosenhaus – verdichtete sich die Anlage bis zum Tod Prinz Carls 1883 zwar immer weiter, blieb aber unter den Architekten Ludwig Persius, Ferdinand von Arnim und den Brüdern Petzholtz unverändert der subtilen Verschränkung von Architektur und Landschaft verpflichtet. Das 20. Jahrhundert war hingegen zunehmend von entstellender Umnutzung, Vernachlässigung und Verfall geprägt. Bereits 1907 wurde die Große Neugierde im Zuge des Neubaus der Glienicker Brücke versetzt, ein zweiter Abbruch und Wiederaufbau unter Verlust von Ausstattung und der ursprünglichen Sichtbezüge erfolgte 1938. Der Jägerhof wurde 1935 von Richard Ermisch für eine Wohnung des Berliner Oberbürgermeisters umgebaut und erweitert, das Kasino 1939 durch einen Sturm schwer beschädigt. Das bereits 1918 seiner Ausstattung beraubte und danach verwahrloste Schloss wurde 1950–52 als Sportlerheim umgenutzt und dafür weitgehend entkernt; zugleich wurde die Öffnung zum Hof durch Verlängerung des (1844 durch Persius aufgestockten) Ostflügels deutlich verkleinert. Damit aber ist Schinkels unkonventionelle, den besonderen Reiz des Schlosses prägende Idee bruchloser, quasi natürlicher Übergänge von Park, Schloss und Pleasureground verloren. Für den Besuch sei empfohlen, den kurzen, vom Jägertor rechtwinklig zum Schloss führenden Weg zu meiden, sich stattdessen vom Park her anzunähern und am Schloss zunächst einen Blick durch den Zaun in den Hof zu werfen, um erst dann durch den ehe-

Große Neugierde von Nordosten, heutiger Zustand

mals freistehenden Propylon von Persius aus dem Jahr 1840 und den Neubau von 1952 ins Innere zu gelangen, das in Struktur, Substanz, Wandfassung und Ausstattung im Wesentlichen das Ergebnis der in den achtziger Jahren noch einmal erneuerten Gestaltung der fünfziger Jahre ist.   HDN

Literatur

Johannes Sievers: Bauten für den Prinzen Karl von Preußen (Karl Friedrich Schinkel-Lebenswerk, Bd. 4), Berlin 1942, S. 19–166.

Schloss Glienicke. Bewohner – Künstler – Parklandschaft. Ausstellungskatalog Berlin 1987.

Hartmann Manfred Schärf: Die klassizistischen Landschloßumbauten Karl Friedrich Schinkels. Berlin 1986, S. 129–179.

Jägerhof von Süden, heutiger Zustand

Berlin
Grabdenkmäler

Die Denkmalskunst gehörte im 19. Jahrhundert zu den selbstverständlichen Tätigkeitsfeldern eines Universalkünstlers. Zahlreiche Grabmäler gehen vermutlich auf Schinkel zurück, sicher belegen lässt sich dies aber nur bei wenigen Beispielen. Immerhin neun zweifelsfreie Werke Schinkels sind auf den verschiedenen Friedhöfen Berlins erhalten. Die Spannbreite der Arbeiten reicht von aufwändigen Denkmalsanlagen bis zu Typenentwürfen, die seit 1815 in den Magazinen der Königlichen Eisengießerei dargeboten wurden. Das schlichte schwarze Eisenkreuz mit vergoldeten Sternen besetzten, dreipassförmigen Kreuzbalken, dessen Kreuzstamm mit zusätzlichen Applikationen belegt werden konnte, findet sich daher bis zum Ende des 19. Jahrhunderts auf allen Berliner Friedhöfen. Die einfache metallene Grabplatte auf leicht geneigtem Steinsockel für Graf Tauentzien von Wittenberg (1760–1824) auf dem Invalidenfriedhof verzichtet gleichermaßen auf aufwändigen Dekor.

Schinkels Grabdenkmäler zeigen die ganze Breite seiner entwurflichen und architektonischen Schaffenskraft. Das gleichzeitig mit schlichter Bescheidenheit und technologischem Fortschritt verbundene Gusseisen findet sich neben einer delikaten Kombination unterschiedlicher Natursteinsorten, die bis in differenzierte Oberflächenbehandlung und detailliert geplanten Fugenschnitt all jene Charakteristika zeigen, welche auch das architektonische Werk Schinkels kennzeichnen. Schon auf einer für den Verkauf von Grabmälern bestimmten Handzeichnung von 1821 vereinigt Schinkel die unterschiedlichsten Grabmonumente und bindet sie in idealer Weise in die Land-

Grabmäler in fünf verschiedenen Formen, 1821

schaft ein. Ohne erkennbare zeitliche Folge oder ein anderes Ordnungssystem stehen deswegen in Berlin ganz verschiedenartige Entwürfe und Lösungen nebeneinander. So befindet sich auf dem Invalidenfriedhof die aufwändige, von einem Bronzelöwen bekrönte Denkmalsanlage für den Grafen Scharnhorst aus weißem Granit und Marmor in der Tradition römischer Grabdenkmäler neben dem gusseisernen Monument für Ernst Job von Witzleben aus grün gefasstem Gusseisen. Ein besonders dominantes Werk ist die Denkmalsanlage für die Fürstin Christiane Charlotte von der Osten-Sacken auf dem Dreifaltigkeitsfriedhof in der Bergmannstraße. Zahlreiche Grabmäler wurden im 2. Weltkrieg beschädigt oder waren im Anschluss dem Verfall preisgegeben. Besonders betroffen war der unmittelbar im Schatten der Berliner Mauer gelegene Invalidenfriedhof durch massive Beräumung und Vernachlässigung. Auch der Garnisonsfriedhof in Mitte war als militärisches Objekt von der Liquidierung betroffen und litt unter fortschreitendem Verfall. Die bereits zur DDR-Zeit in Teilen begonnenen Restaurierungsarbeiten wurden nach dem Mauerfall verstärkt vorangetrieben und zahlreiche Grabmäler bis heute wiederhergestellt. Die vollständigste Grabanlage nach dem Entwurf von Schinkel, zugleich eine der schönsten, findet sich auf dem Kirchhof in Schöneberg, wo unmittelbar über der Straße nahe der Kirche das bis zu einer Urne auf einem Postament reduzierte Grabmal für Friedrich Otto von Diericke noch mit der ursprünglichen gusseisernen Einfriedung erhalten ist.

Einige der Schinkel zugeschriebenen Grabdenkmäler, wie die Grabanlage von Christian Gottlieb Cantian (1794–1866) oder das Grabmal des 1855 verstorbenen Ernst Ludwig von Aster wurden wegen fehlender Nachweise für Schinkels Beteiligung aus der Darstellung ausgeschieden.

Invalidenfriedhof

Grabmal Gerhard Johann David von Scharnhorst (1755–1813)

Entwurf 1824
Ausführung 1828–34

Für den königlich preußischen Generalleutnant und Heeresreformer, der in Prag an den Folgen seiner Verwundungen aus der Schlacht von Großgörschen verstarb, schuf Schinkel eines der bedeutendsten

Grabmal Scharnhorst (Sammlung Architektonischer Entwürfe, 1826)

Grabmäler Scharnhorst (vorn)
und Witzleben (hinten),
heutiger Zustand

Sepulkralmonumente Berlins. Zu seinen Ehren wurde bereits 1822 ein Standbild vor der Neuen Wache errichtet (siehe S. 25). Das aufwändige, von einem Eisengitter umzäunte Grabdenkmal ist in Form eines Triumphbogens aus Granit und Carraramarmor gestaltet. Den sarkophagförmigen Kenotaph bekrönt ein schlafender Löwe, der nach einem unter der Leitung von Christian Daniel Rauch gefertigten Modell in der königlichen Eisengießerei aus der Bronze erbeuteter französischer Kanonen gegossen wurde. Der umlaufende Fries von Christian Friedrich Tieck zeigt Szenen aus dem Leben Scharnhorsts. Das Grabmal, das sich bis 1990 unter einem Schutzdach befand, wurde 1995/96 umfassend renoviert, Sarkophag und Deckstein wurden durch eine Kunststeinkopie ersetzt, das Original restauriert und in die Skulpturensammlung der Nationalgalerie der Staatlichen Museen überführt.

Grabmal für Ernst Job von Witzleben (1783–1837)

Entwurf 1840

Das Stelengrab mit dreiteiligem Sockel und figurenreichem Baldachin in antiken und gotischen Formen ist eine Variante der von Schinkel entworfenen, nicht erhaltenen Grabstele für Carl Leopold von Köckritz aus dem Jahr 1823. Auftraggeber für das Grabmal des königlich preußischen Generalleutnants und Kriegsministers v. Witzleben, eines der wichtigsten Staatsmänner Preußens, war Friedrich Wilhelm III. Witterungseinflüsse und Vernachlässigung brachten das Grabmal in der DDR-Zeit zum Einsturz. 1984 wurden die restlichen Teile geborgen und die Anlage 1999 auf der Grundlage historischer Abbildungen wiederhergestellt und nach Befund neu gefasst.

Grabmal Friedrich Bogislav Emanuel Graf Tauentzien von Wittenberg (1760–1824)

Entwurf 1835

Das schlichte Grabmal des preußischen Generals Tauentzien von Wittenberg, eines der bedeutendsten Militärs aus der Zeit der Befreiungskriege, steht in starkem Kontrast zu den prunkvollen Grabanlagen Scharnhorsts und Witzlebens. Auf einer einfachen, flach geneigten Grabplatte ist eine nahezu schmucklose Gusseisenplatte mit erhabener Grabinschrift montiert. Einzig die Vergoldung des Schriftzuges nobilitiert das Grabmal.

109

Nach den ersten Vorentwürfen war zunächst allerdings ein aufwändigeres Grabmonument geplant: Schinkel hatte eine Zeichnung für ein Grabdenkmal »im antiken Stil« vorgelegt, dem Grabmal von Brauchitsch verwandt, sowie ein hoch gesockeltes, mit Wimpergen und Krabben besetztes Baldachingrabmal in neugotischen Formen. Da die Wittwe für die Kosten nicht aufkommen konnte, genehmigte der König einzig die Ausführung der schlichten gusseisernen Platte. 1998 wurde das Grabmal restauriert, Fehlstellen ergänzt und die Fassung – eine Bronzierung vortäuschend – nach Befund wieder hergestellt.

Grabmal Hermbstaedt, heutiger Zustand

Kirchhöfe der Dorotheenstädtischen, Friedrichswerderschen und Französischen Gemeinden

Grabmal Sigismund Hermbstaedt (1760–1833)

Entwurf 1833

Die ursprünglich wohl freistehende schlanke Grabstele ist heute in die Friedhofsmauer eingelassen. Sie erinnert an Sigismund Hermbstaedt, Professor für Chemie und langjähriger Freund Schinkels. Schinkel sah in seinem Entwurf eine umfangreichere Anlage aus einer Grabplatte und der

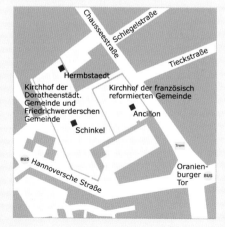

Stele vor, die er als Metallguss auf einem Steinsockel konzipierte. Vermutlich aus Kostengründen wurde die Stele in Terrakotta ausgeführt und einzig das Palmettenakroterion in Bronze gegossen. Die darunter angebrachten Metallapplikationen sind verloren. Die Grabanlage wurde 1915 abgeräumt. Heute ist nur noch der Stelenstein erhalten, der zeitweise im Park der Technischen Hochschule Charlottenburg aufgestellt war. Das Grabmal von Hermbstaedt diente auch als Modell für die auf dem gleichen Friedhof von Christian Peter Wilhelm Beuth geschaffene Grabanlage aus rotem Granit für Karl Friedrich Schinkel selbst sowie in der Nachfolge für die Grabmale der Familie Hossauer wenige Meter vom Hermbstaedtschen Grabmal entfernt.

Grabmal Jean Pierre Frédéric Ancillon (1767–1837)

Entwurf 1840
Ausführung 1841/42

Ancillon war der Erzieher Friedrich Wilhelms IV., der das Grab- und Ehrenmal für den Geheimen Staats- und Kabinettsminister stiftete. Es war zunächst als Säule geplant, wurde dann aber nach dem Vorbild eines antiken römischen Steinsarkophages aus geschliffenem Marmor hergestellt und auf einem Granitsockel positioniert. Da Schinkel zum Zeitpunkt des Auftrages bereits ein schwer kranker Mann war, fertigte sein Schüler Johann Heinrich Strack (1805–1880) eine Umzeichnung nach Schinkels Entwurf und den Rissen von Bauinspektor Cantian an und übernahm vermutlich auch die Oberbauleitung; die Ausführung lag in den Händen von Cantian. Aus diesem Grund wurde das Grabmal lange Zeit Strack

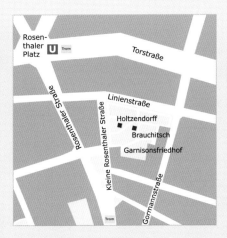

Form einer breiten, gesockelten Stele mit reich verziertem Aufsatz unter Verwendung antikisierender Motive in der Berliner Eisengießerei gefertigt. Auftraggeber war das Korps der Gendarmerie. Das Grabmal zählte zu den bedeutendsten Werken der Eisengießerei, denn es stand bereits ein Jahr nach Fertigstellung als Motiv für deren Neujahrsplakette Pate und wurde zudem gemeinsam mit Schinkels nicht mehr erhaltenem Grabmal von Köckritz im »Magazin von Abbildungen von

Grabmal Ancillon, heutiger Zustand

zugeschrieben. Der mit strengem klassizistischen Dekor versehene Sarkophag erhielt einen umlaufenden Triglyphenfries mit Rosetten und eine abschließende Deckplatte in Form eines Gesimses mit Zahnschnitt und bekrönenden Voluten. Die eingemeißelte Inschrift erzählt die Lebensgeschichte Ancillons und wird an der Stirnseite um ein Bildnismedaillon ergänzt. Heute befindet sich die Anlage unter einem modernen Schutzbau.

Garnisonsfriedhof

Grabmal Ludwig Matthias Nathanael Gottlieb von Brauchitsch (1757–1827)

Entwurf 1827

Das Grabmal für den Generalleutnant und Berliner Stadtkommandanten wurde in

Grabmal Brauchitsch, heutiger Zustand

111

Gusswaaren aus der Königlichen Eisengiesserei zu Berlin« angeboten. Die Form fand später Nachahmung in dem auf dem gleichen Friedhof in Zinkguss hergestellten Grabmal für Ernst Ludwig von Tippelskirch (1774–1840).

Nach Einsturz wurde die stark verwitterte Stele 1987 wiederhergestellt. Die originale Fassung konnte bei der Restaurierung nicht nachgewiesen werden; der dunkelgrüne Farbton stützt sich auf eine der allgemein literarisch überlieferten und gebräuchlichen Farbfassungen von gusseisernen Grabmalen, die von Dunkel- bis Lindgrün, Dunkelazurblau und Taubengrau bis Schwarz reichte.

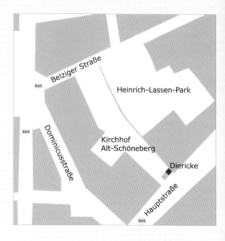

Grabmal Carl Friedrich von Holtzendorff (1764–1828)

Entwurf und Ausführung 1829

Das Grabmal ist als Ehrung des Generalleutnants und zugleich als Denkmal für das preußische Militär zu verstehen. Als Vorlage diente Schinkels 1829 datierter Entwurf »Stele für einen Krieger«. In die auf einer Sandsteinplinthe errichtete Grabstele aus geschliffenem rotem Granit ist eine Bronzetafel eingelassen. Das Relief zeigt inmitten eines Lorbeerkranzes die geflügelte Victoria mit einem Buch, das auf die gewonnenen Schlachten verweist. Das sorgfältig ausgeführte Monument ist nahezu unversehrt erhalten.

Kirchhof der Gemeinde Alt-Schöneberg

Grabmal Friedrich Otto von Diericke (1743–1819)

Entwurf 1819 (?)

Grabmal Diericke, heutiger Zustand

Das Gusseisengrabmal für den preußischen Generalleutnant mit bekrönender Urne ist am Rande des Friedhofs zur Hauptstraße hin gelegen. Es wurde in der Königlichen Eisengießerei hergestellt und grau gefasst, die Inschrift auf dem fast schmucklosen Sockel ist vergoldet. Einschließlich der von Schinkel entworfenen gusseisernen Einfriedung ist es weitgehend unversehrt erhalten.

Friedhof der Dreifaltigkeitsgemeinde

Grabmal Fürstin Christiane Charlotte von der Osten-Sacken (1733–1811)

Ausführung 1826

Das Grabmonument in exponierter Lage in der Mittelachse des Friedhofs ist dem Andenken der Fürstin gewidmet, die sich als Unternehmerin betätigte und in der Frühgeschichte der Industrialisierung in Deutschland eine bedeutende Rolle spielte. Es wurde 15 Jahre nach ihrem Tod errichtet. Das Denkmal beherbergt in einem mächtigen Sockel aus Sandsteinquadern den gusseisernen Sarkophag, bekrönt von einer sockelartigen Gusseisenstele mit einem an-

tikisierenden, von Friedrich Tietz geschaffenen weiblichen Genius. Die steinfarbene Fassung des Gusseisens verwischt dabei ganz bewusst die Grenzen der Materialität. Der Schriftzug ist nicht mehr vollständig erhalten. JC / UL

Literatur

Paul Ortwin Rave: Berlin III (Karl Friedrich Schinkel-Lebenswerk, Bd. 11). Berlin 1962, S. 316–339.

Förderverein Invalidenfriedhof e.V. in Zusammenarbeit mit dem Fachreferat Gartendenkmalpflege des Landesdenkmalamtes Berlin (Hg.): Der Invalidenfriedhof. Rettung eines Nationaldenkmals. Hamburg 2003.

Der Alte Garnisonsfriedhof und seine kunsthistorisch bedeutenden Grabmale. In: Berliner Garnisonsfriedhof im Spannungsfeld zwischen Scheunenviertel und Monbijou. Berlin 1995, S. 79–114.

Grabmal Osten-Sacken, heutiger Zustand

Berlin
Schinkel-Laube
Dietzgenstr. 56

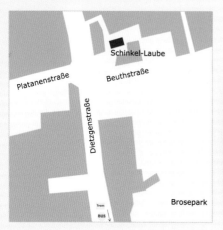

Neubau Wohnhaus	um 1825
Farbkonzept von Schinkel	um 1826
Restaurierung	1999–2009

Ansicht von Osten (heutiger Zustand)

Im Norden von Berlin, damals noch eine ländlich geprägte Gegend, ließ der Bankier Wilhelm Brose bis 1825 ein Gästehaus mit Veranda im Schweizerhaus-Stil errichten, in dem viele bekannte Künstler und Gelehrte der Zeit als Freunde der Familie verkehrten. Der Entwurf für den mehrfach veränderten Bau wird Schinkel zugeschrieben. Unstreitig stammt die Farbdekoration der östlich angebauten Laube von Schinkel, wie eine Zeichnung von seiner Hand beweist.

Die aus zierlichen Hölzern erbaute Konstruktion hat im Laufe der Zeit durch ausbleibende Instandhaltung stark gelitten. Von der Originalsubstanz sind nur noch zwei Pfosten und die Hälfte der Dachfläche erhalten. Der Rest wurde in einem aufwändigen Restaurierungsprojekt bis 2009 ergänzt. Die Bedeutung der Laube liegt gleichwohl darin, dass auf dem erhaltenen Bestand unter späteren Überfassungen die durch eine Zeichnung Schinkels überlieferte Originalfarbigkeit unverfälscht erhalten war und ist. Nur hier hat man im Berliner Raum

Entwurf für die Farbgestaltung der Laube (Schinkel, o. Datum)

die Möglichkeit, die Delikatesse der Schinkelschen Farbgestaltung im Originalbeleg zu betrachten. JC

Literatur
Freundlicher Hinweis von Dipl.-Ing. Rolf L. Schneider

114

POTSDAM

Schinkel prägte maßgeblich die arkadische Park- und Schlösserlandschaft in Potsdam und im Umland der Stadt. Hier im Potsdamer Landschaftsgürtel baute er die sommerlichen Residenzen der preußischen Prinzen, hier verwirklichte er mit dem Landschaftsarchitekten und späteren Generalgartendirektor Peter Joseph Lenné und in engem Austausch mit dem sich als Dilettant künstlerisch betätigenden Kronprinzen Friedrich Wilhelm (IV.) seine einzigartigen Visionen einer romantischen Architektur- und Kunstlandschaft. Dass es sich bei einigen Projekten nicht um gänzliche Neubauten, sondern um geschickte Umbauten handelt, sieht man diesen wahrlich nicht an: Schloss Charlottenhof mit dem Gärtnerhaus und den Römischen Bädern und sogar das später stark erweiterte neugotische Schloss Babelsberg haben bis heute viel von ihrem authentischen Charakter bewahrt, ebenso das heute innerhalb der Stadtgrenzen Berlins gelegene Gut Klein-Glienicke mit seinem berühmten englischen Pleasureground und Schinkels eleganten Gartentempeln, und nicht zuletzt die Pfaueninsel. Der vorzüglichen Lage, die sich die aristokratische oder zumindest wohlhabende Klientel zu Nutze machte, verdankt Schinkel auch den Auftrag für seinen ersten eigenständigen Bau, den Pomonatempel auf dem Pfingstberg. Schinkels architektonische Motive und seine erfindungsreiche Formensprache prägten das Potsdamer Stadtbild bis weit in die nachfolgende Generation.

Gemessen an Berlin ist Schinkels Einfluss auf die städtebauliche Ausgestaltung Potsdams gering. Allerdings ist die Nikolaikirche, der prominenteste Bau Schinkels im Stadtgebiet, bis heute stadtbildprägend geblieben. Von den Wachhäusern der Langen Brücke, einst am Havelübergang vom Teltow nach Potsdam gelegen, ist nichts mehr erhalten. Für die preußische Garnison entstand unter König Friedrich Wilhelm III. in Potsdam eine Reihe von Militärbauten. Keines der nur noch zum Teil erhaltenen Gebäude geht allerdings auf unmittelbare Entwürfe Schinkels zurück. Seine Tätigkeit beschränkte sich auf die Begutachtung der in der Oberbaudeputation – meist von Karl Hampel – angefertigten Pläne hinsichtlich der städtebaulichen Einbindung und der äußeren Erscheinung. Schinkels Gutachtertätigkeit, die auch für die Armenschule oder die sog. Happe-Röhrichtschen Häuser in der Yorckstraße belegt ist, gehörte zu seinen selbstverständlichen Aufgaben als Geheimer Oberbaurat und wirkte zwar stilbildend, doch sind die betroffenen Werke im Sinne der Autorschaft aus der Vorstellung seines architektonischen Werks auszuschließen. UL / AvB

Potsdam

Der Pomonatempel auf dem Pfingstberg

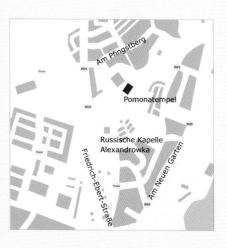

Entwurf	1800
Ausführung	1801
Instandsetzungen	1807, 1862, 1935/36
Verfall	nach 1945
Rekonstruktion	1992–93

Der am Südhang des Pfingstbergs gelegene Pomonatempel gilt als das erste eigenständige Bauwerk Schinkels. Der Pfingstberg, eine Anhöhe im Norden Potsdams, die zunächst Eichberg und bis 1817 Judenberg geheißen hatte, war schon im 18. Jh. aufgrund seiner schönen Aussicht in die Potsdamer Landschaft gerühmt worden. Hier wurde noch bis ins 20. Jahrhundert Weinbau betrieben. Der damalige Besitzer des größten und schönsten Weingartens der sogenannten Oberweinberge, der Geheime Rat Carl Ludwig von Oesfeld, beauftragte im Jahr 1800 im Zuge der Verschönerung des Geländes den gerade einmal neunzehnjährigen Schinkel mit dem Neubau eines Teepavillons. Er sollte höher und exponierter gelegen sein als der alte Pavillon, der ebenfalls bereits nach der römischen Göttin Pomona benannt gewesen war. Diese wurde in der Antike für eine reiche Obsternte verehrt. Schinkel lehnte seinen Entwurf an die Formen griechischer Tempelarchitektur an.

Während seine anderen frühen Zeichnungen und Entwürfe in ihrer gedrungenen und massiven Architektur weitaus stärker seinem Lehrer Friedrich Gilly verpflichtet sind, hielt er sich bei der Säulenfront des kleinen Pavillons an eine zierliche griechisch-ionische Ordnung. Wahrscheinlich nahm er sich die Front der Nordvorhalle des Erechtheions auf der Akropolis zum Vorbild. Darauf weisen sowohl der dreistufige Unterbau als auch die Ausbildung der ionischen Ordnung und die hohe Frieszone hin.

Der Pavillon zeigt im Grundriss einen nahezu quadratischen Innenraum mit einem nach Süden zur Hangseite ausgerichteten, von vier ionischen Säulen getragenen Portikus. Auf dem Pavillon befindet sich eine Dachterrasse, die über einen rückwärtigen Treppenturm erschlossen wird. Die Ausführung fiel etwas einfacher aus als der Entwurf, der noch in zwei von Schinkel signierten Zeichnungen überliefert ist. So wurde beispielsweise auf den Zahnschnitt im Giebel verzichtet. An den Oberflächen

116

Ansicht von Südosten, heutiger Zustand

verdeckte Schinkel bewusst die eigentlichen Baumaterialien Backstein und Holz, um den Bau zu nobilitieren. Der Ziegelbau erhielt einen Steinbau imitierenden Quaderputz, und auch der in einer Holzkonstruktion ausgeführte und mit weißer Ölfarbe gestrichene Portikus täuscht Stein vor.

Nach dem Tode Oesfelds erwarb Friedrich Wilhelm III. im Jahr 1817 das Gelände und verfügte über die Neueinrichtung des Pavillons. Vermutlich erhielt der Pomonatempel zu jener Zeit auch das Zeltdach, das sich bei Teegesellschaften oder anderen Anlässen im Sommer über die Dachterrasse spannen ließ.

Die großartige Aussicht auf dem Pfingstberg veranlasste auch Friedrich Wilhelm IV. zu neuen Plänen. 1844 wurden Ludwig Persius, 1847 Ludwig Ferdinand Hesse und seit 1860 Friedrich August Stüler mit umfangreichen Planungen für ein Belvedere, hängende Gärten und eine gewaltige Kaskade betraut, womit zunächst der Ab-

riss des kleinen Tempels besiegelt zu sein schien. Das Vorhaben wurde jedoch nur teilweise ausgeführt und so blieb der Pavillon bestehen. 1862 gestaltete Peter Joseph Lenné die Gartenanlagen in ihrer endgültigen Form. Sein Gartenplan bezog in subtiler Weise den Pomonatempel ein und verband den Pavillon mit dem Belvedere, obwohl beide ursprünglich gar nicht im Zusammenhang hatten stehen sollen. Mit Hilfe eines halbrunden Laubenganges aus Lindenbäumen verknüpfte Lenné beide Gebäude und zeichnete den kleinen Tempel durch eine eigene Platzgestaltung mit einem großen Blumenrondell und Parkwegen vor der Front aus. Mit dieser Maßnahme ging auch eine umfangreiche bauliche Wiederherstellung des vorher offenbar vernachlässigten Schinkel-Tempels einher. Erneute Instandsetzungsarbeiten fanden 1935/ 36 im Vorfeld der Olympischen Sommerspiele in Berlin statt.

Obwohl der Pomonatempel den Zweiten Weltkrieg unbeschadet überstand, ist heu-

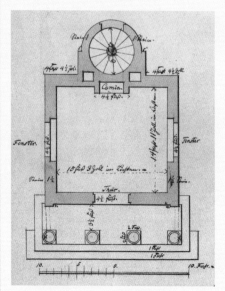

Grundriss, 1800

te nicht mehr viel von seiner Originalsubstanz erhalten. Mit seiner grenznahen Lage war er in einen Randbereich gerückt, die Parkanlage verwilderte, die Gebäude verkamen. Zu Beginn der 1990er Jahre war der Tempel bis auf die Grundmauern verfallen, wobei einige Details rechtzeitig geborgen oder zumindest dokumentiert werden konnten. 1992–93 erfolgte die Wiederherstellung. Bei der Rekonstruktion der verlorenen Teile stützte man sich auf Befunde der erhaltenen Originalsubstanz, auf geborgene Baureste und auf historische Fotografien. Bei der Gestaltung der Details konnte man sich an dem jeweils zuletzt dokumentierten Zustand orientieren. Die Wiederherstellung der Quaderputzfassaden, der Farbigkeit einzelner Bauglieder sowie die Deckung der Dachfläche mit Zinkblech stützen sich auf Archivalien oder Baubefunde. Auf die Rekonstruktion der ehemals reichen Farbfassung des Innenraumes wurde dagegen verzichtet. So ist der Pavillon im äußeren Erscheinungsbild wieder hergestellt, aus der Erbauungszeit freilich stammt nur noch der Kern des Gebäudes. Ungeachtet dessen erschließt sich durch die Wiederherstellung der Gesamtanlage auf dem Pfingstberg dem Besucher heute wieder eine reichhaltige Kulturlandschaft des 19. Jahrhunderts.   UL / EvG

Literatur

Hans Kania: Der Pfingstberg. In: Mitteilungen des Vereins für die Geschichte Potsdam, Neue Folge V, 322 (1916), S. 18–25.

Stefan Gehlen: Der Pomonatempel auf dem Pfingstberg. In: Museumsjournal 11 (1993)

Ausschnitt eines Vasenbildes mit dem Pomonatempel, 1837/40

Potsdam
Alexander-Newski-Kirche

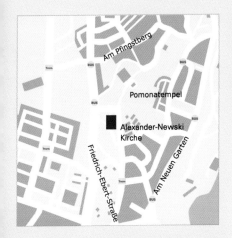

Planung und Bau der Russischen	
Kolonie Alexandrowka	1826–27
Entwurf (W. P. Stassow)	1826
Ausführung	1826–29
Stellungnahme Schinkels zur	
Ausstattung	1828
Umzäunung des Kirchhofes nach	
Entwurf Schinkels	1830
Restaurierung	1992–93

Die russisch-orthodoxe Alexander-Newski-Kirche liegt inmitten eines parkartig gestalteten Areals auf dem Kapellenberg nördlich der Potsdamer Innenstadt. Sie ist Bestandteil der 1826–27 errichteten »Russischen Kolonie Alexandrowka«, die 1999 in die Liste des Weltkulturerbes der UNESCO aufgenommen wurde.

Die Anlage der Kolonie geht auf eine Anordnung des preußischen Königs Friedrich Wilhelm III. zurück, der damit ein Denkmal für den 1825 verstorbenen russischen Zaren Alexander I. schaffen wollte. Nach dem Blockhaus Nikolskoe (1819) ist sie das zweite architektonische Zeugnis der engen persönlichen und politischen Beziehungen zwischen dem preußischen Königs- und dem russischen Zarenhof.

Die Alexandrowka, ein Parkdorf im russischen Stil, ist ein Element der zusammenhängenden Potsdamer Parklandschaft. Die Gesamtdisposition der Kolonie geht auf Entwürfe Peter Joseph Lennés zurück. Die Gehöfte gleichen in ihrer äußeren Gestalt aufwändig dekorierten russischen Blockhäusern. Zeichnungen des italienischen Architekten Carlo Rossi für das zur Zarenresidenz Pawlowsk gehörende Parkdorf Glasowo unweit von St. Petersburg dienten als Vorbild. 1827 konnten die Bewohner, Mitglieder eines russischen Sänger-Chores, der Friedrich Wilhelm III. von Alexander I. als Zeichen der Freundschaft geschenkt worden war, die Häuser beziehen.

Die zum Parkdorf gehörende, nach dem Namenspatron Alexanders I. benannte Kirche folgt dem Schema traditioneller russischer Kreuzkuppelkirchen mit Ostapsis. Den Außenbau gliedern farblich abgesetzte Pilaster, Zierfriese und Schmuckmotive in der eklektizistischen Formensprache des russischen Historismus. Die aus Russland angeforderten Pläne des Hofarchitekten Wassilij Petrowitsch Stassow lagen im Mai 1826 vor. Nach Beratungen über die Ausführung, zu denen auch Schinkel hinzugezogen worden war, erfolgte die Grundsteinlegung am 11. September dieses Jahres.

119

Ansicht von Südosten, heutiger Zustand

Zwei alternative Entwürfe für die Innenausstattung trafen Anfang 1828 in Potsdam ein. Sie wurden Schinkel zur Begutachtung vorgelegt. In seiner Stellungnahme machte er verschiedene Veränderungsvorschläge für die Gestaltung der in klassizistischen Formen gehaltenen Ikonostase (Bilderwand). So schlug er anstelle der ursprünglich vorgesehenen Halbsäulen flache Pilaster vor und setzte sich für eine stärkere Gliederung der oberen Partie durch zusätzliche Pilaster und Friese, die mit vergoldeten Akanthusranken besetzt sind, ein. Auch die von ihm angeregte Farbgestaltung der Altarwand und des Innenraumes wurde übernommen. Am 11. September 1829 konnte die Kirche geweiht werden.

Inneres, heutiger Zustand

Im folgenden Jahr ordnete der König an, den Kirchhof mit einem Gitter zu umgeben. Für dieses lieferte Schinkel die Entwürfe. Bei der Gestaltung der Sandsteinpfeiler mit zwiebelförmigen Knäufen griff er die Formensprache des Kirchengebäudes auf.

Die Kirche wurde zuletzt in den Jahren 1992–93 restauriert und dabei ihre historische Farbgebung rekonstruiert. Auch einzelne Gehöfte der Kolonie konnten inzwischen saniert werden, unter anderem das Haus Nr. 2, das im Rahmen eines Jahrgangsprojektes des Aufbaustudienganges Denkmalpflege der TU Berlin untersucht worden war und heute ein Museum beherbergt.

Die Alexander-Newski-Kirche gilt angesichts der Zerstörung bedeutender Bauten in Russland als wichtiges Beispiel des frühen russischen Historismus. Sie ist zudem ein Dokument der engen preußisch-russischen Beziehungen, die sich in einem Austausch nationaltypischer Architekturentwürfe zwischen beiden Höfen äußerte: Als Gegenstück zur russischen Kirche in Potsdam lieferte Schinkel Pläne für einen neugotischen Kirchenbau, der seit 1831 im Park von Peterhof errichtet wurde (vgl. Bd. 2, S. 105).

JS / DS

Literatur

Bogislav von Puttkamer: Die Griechische Capelle des Heiligen Alexander Newsky bei der Colonie Alexandrowska. In: Mittheilungen des Vereins für die Geschichte Potsdams, III. Theil, Nr. XCI, 1867, S. 97–100.

Hans Kania: Potsdam, Staats- und Bürgerbauten (Karl Friedrich Schinkel-Lebenswerk, Bd. 1). Berlin 1939, S. 61–64.

Michael Bollé/Helmut Ferdinand: Die Alexander-Newski-Gedächtniskirche auf dem Kapellenberg, ihre Geschichte und ihre Restaurierungen. In: Brandenburgische Denkmalpflege 1 (1997), S. 49–60.

Anja Hecker: Glasowo bei Pawlowsk. Carlo Rossis Projekt eines russischen Parkdorfes – Vorbild für die Alexandrowka bei Potsdam? (=Landschaftsentwicklung und Umweltforschung, Schriftenreihe der Fakultät VII – Architektur Umwelt Gesellschaft der Technischen Universität Berlin, Nr. S 14), Berlin 2003.

Anja Hecker/Andreas Kalesse: Die russische Kolonie Alexandrowka in Potsdam. Zum Forschungsstand. In: Jahrbuch für Brandenburgische Landesgeschichte 2003, S. 200–218.

Potsdam
Schloss Charlottenhof

Ursprungsbau (Johann Boumann)	nach 1746
Umbauentwurf Schinkels	1825/26
Ausführung	1826/27
Landschaftsgestaltung	ab 1826
(Peter Joseph Lenné)	
Umbauten im Vestibül	1839/43

Charlottenhof im Süden des Parkes Sanssouci zeigt beispielhaft die schöpferische Freiheit Schinkels in enger Kooperation mit Peter Joseph Lenné und dem Bauherrn, Kronprinz Friedrich Wilhelm (IV.). Gerade unter dem Zwang, ältere Bausub-

stanz einzubeziehen, hatte Schinkel mittlerweile besondere Meisterschaft entwickelt. Friedrich Wilhelm III. schenkte dem Kronprinzen zu Weihnachten 1825 das um 1746 von Johann Boumann errichtete und mehrfach umgebaute Gutshaus Charlot-

Ansicht von Südwesten, heutiger Zustand

Blick von der Exedra auf das Schloss und Lageplan (Sammlung Architektonischer Entwürfe, 1831)

tenhof. Von März bis Oktober 1826 erfolg-te dessen radikale Transformation in eine heitere antike Villa im Geiste der berühm-ten Villenbeschreibungen des jüngeren Plinius (61–113 n. Chr.).

Das barocke Walmdach wurde abgetragen und durch eine flache Attika ersetzt, die Eingangsseite auf einen monumentalen Portalrisalit konzentriert, der über eine Schiebetür (!) den Zutritt in die feierliche Eingangshalle öffnet. Zwei seitliche Trep-pen führen aus dem Sockel- zum Wohnge-schoss. Auf der östlichen Seite des Hauses wurde das Terrain bis auf diese Höhe zu ei-ner länglichen Gartenterrasse aufgeschüt-tet, die in einer pompejanischen Exedra (einer eleganten römischen Nischenarchi-tektur mit umlaufender Rundbank) endet. Der Hochgarten, der vom Festsaal aus über einen dorischen Portikus zugänglich ist, wird im Süden von einer weinüberwachse-nen Pfeilerpergola flankiert, die auf einer hohen Futtermauer steht. Nach Norden ist

er zu einem Bassin mit halbrunder Aus-buchtung abgeböscht. Diese korrespon-diert sowohl mit der Exedra als auch mit dem englischen Baywindow, das Schinkel dem Schlafzimmer des Prinzenpaares an-fügte. Die weißblauen, an die bayerische Heimat von Friedrich Wilhelms Gattin Eli-sabeth erinnernden Fensterläden kamen erst Mitte der 1850er Jahre hinzu.

Im Inneren schuf Schinkel 1827 unter Mit-hilfe von Ludwig Persius eine Folge von neun Wohnräumen, deren teilweise eigen-händig entworfene und noch im Original-zustand erhaltene Ausstattung und Mö-blierung – trotz bescheidener Dimensio-nen – hohen künstlerischen Ansprüchen genügt: das Schlafzimmer mit seinem von Plinius angeregten Fächerausblick; das ro-mantische Vestibül, dessen Bodenfontäne (1843 ersetzt durch einen von Schinkel 1831 für das Preußische Gewerbeinstitut entworfenen Brunnen) an orientalische Hofhäuser und dessen Glasfenster an den

Sternenhimmel aus Mozarts »Zauberflöte« (nach Schinkels Bühnenbildern von 1819) erinnert; das spektakuläre »Zeltzimmer« (1829), das einer verbreiteten Mode folgte – namentlich dem Vorbild in Napoleons Pariser Sommerschloss Malmaison (1799); der pompejanische Gartensaal mit dem Portikus, dessen Wände 1833 durch Grotesken und 1840/41 mit antike Kameen imitierenden Porzellanmedaillons geschmückt wurden. Unter den 28 Porträts der königlichen Familie und bekannter preußischer Persönlichkeiten ist auch Schinkel zu finden. Die Mittel waren begrenzt: Architrave und Giebel bestehen nur aus mit Zinkblech verkleideten, weiß gestrichenen Holzbalken. Atemberaubend aber ist die Wirkung der asymmetrischen Gesamtkomposition, die Meister der Moderne wie Frank Lloyd Wright, Peter Behrens und Ludwig Mies van der Rohe zum freien Spiel kubischer Baukörper im Raum inspirierte. Aus jedem Blickwinkel der Lennéschen Wegeführung stellt sich das elegante Bauwerk in anderer Konfiguration dar, seinerseits beherrscht es den gesamten Landschaftspark. Tatsächlich hat Schinkel, angeregt durch Beispiele englischer Architektur um 1800, durch antike Quellenlektüre und eigene Italienerfahrungen hier erstmalig die Idee eines »malerischen« Klassizismus verwirklicht.

Die Einbettung in die Natur, die den damals neuesten Gartentheorien von Humphrey Repton und Gabriel Thouin folgte,

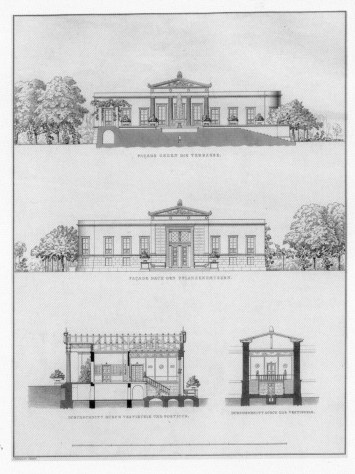

FAÇADE GEGEN DIE TERRASSE.

FAÇADE NACH DEN PFLANZENHÄUSERN.

DURCHSCHNITT DURCH VESTIBULE UND PORTICUS.

DURCHSCHNITT DURCH DAS VESTIBULE.

Garten- und Eingangsseite, Schnitte (Sammlung Architektonischer Entwürfe, 1831)

Gartensaal, heutiger Zustand

indem der allmähliche Übergang vom architektonisch gestalteten Terrassenbau zum freien Landschaftsraum kunstvoll inszeniert wurde, erschließt vermutlich eine tiefergreifende romantische Bedeutungsdimension. Im Osten errichtete Schinkel am sogenannten Maschinenteich eine Dampfmaschine zur Bedienung der Springbrunnen, deren Schornstein als Kandelaber ausgebildet war und deren Feuerschein in Analogie zur aufgehenden Sonne die kosmischen Energien des Morgens zu verkörpern schien (seit 1873 außer Betrieb, 1923 abgerissen). Über den als »Garten Eden« interpretierbaren Rosengarten erfolgt der Aufstieg auf die Gartenterrasse, der von den »Kunst« und »Geschichte« verkörpernden Statuen Apolls und Clios flankiert wird. Die steingefasste Wasserrinne mit den drei Brunnen erinnert nicht nur an die Villenbeschreibung des Plinius, sondern auch an den mittelalterlichen Löwenhof der Alhambra in Granada, den bekanntesten »morgenländischen« Garten Europas. Nach Westen zu ist die Menschheitsgeschichte wei-

ter fortgeschritten: So blicken die debattierenden Betrachter, die Schinkel in seinen »Architektonischen Entwürfen« 1831 wie in einem Theater auf der Sitzbank der Exedra platzierte, sowohl auf die neue fürstliche Villa mit dem griechischen Portikus, in der sich ideale Herrschaft im Sinne einer »abendländischen« Bildungsutopie darstellt, als auch auf das ferne Neue Palais Friedrichs des Großen aus dem 18. Jahrhundert, das die überkommene Repräsentationsform des Absolutismus verkörpert. Schließlich setzt sich – dem Sonnenuntergang zugewandt – die kosmische Achse im Gedächtnishain der Dichter und jenseits des Lennéschen »Hippodroms« bis zu einer Kopie der berühmten antiken »Ildefonsogruppe« fort, die in Gestalt zweier Jünglinge Tod und Schlaf symbolisiert. Als sein »Siam« – utopisches Traumland der Freien – bezeichnete der Kronprinz selbst seinen Sommersitz.
Über einen »Drive« (Fahrweg) ist Charlottenhof mit dem nahen Gärtnerhaus und den Römischen Bädern (1829–1835) ver-

Zeltzimmer, heutiger Zustand

bunden. Das ästhetische Konzept des malerischen Klassizismus, das später über die
Potsdamer Turmvillen von Ludwig Persius
in die europäische Architekturgeschichte
ausstrahlte, ist dort noch gesteigert: Dem
Schlösschen schon durch den ockerfarbenen
Putz untergeordnet, fügen sich mehrere,
über weinbewachsene Pergolen, Terrassen,
Beete, Brunnen und üppig bepflanzte Am-
phoren verbundene Baukörper zu einer lo-
ckeren, malerischen Baugruppe. Der Turm
des Wohnhauses und der klosterhofartige
Ziergarten mit Brunnenfontäne bilden ihren räumlichen Fokus. Das Ensemble mit
seiner ungemein italienischen Aura scheint
nicht nur wie zufällig im Lauf der Zeiten
gewachsen, sondern auch – wie Schinkel
schrieb – »fortgesetzter Ausdehnung und
Bereicherung fähig«.

Schloss Charlottenhof hat im Laufe der
Zeit zahlreiche Reparaturen und Sanierungen erlebt: 1877, 1900 und noch einmal um
2002 wurde die Portikusmalerei restauriert, 1966–69 der Dachstuhl, Zinkblech-
verkleidung und Pfeilerpergola, Putz und
Anstrich erneuert, 1980–81 sind Bauschä-
den im Sockelbereich behoben und das
gesamte Brunnensystem saniert worden,
auch die Innenräume wurden restauriert.
Erneute Reparaturen fanden seit 1989
statt. Gravierende Eingriffe oder gar Zerstörungen blieben dem Ensemble jedoch
erspart, so dass der gesamte Komplex noch
immer einen außerordentlich hohen Grad
von Authentizität besitzt.   AvB

Literatur

Schinkel in Potsdam. Potsdam 1981, S. 66-105.

Eva Börsch-Supan: Architektur und Landschaft.
in: Karl Friedrich Schinkel – Werke und Wirkungen.
Berlin 1981, S. 47-77.

Hans Hoffmann/Renate Müller: Schloß Charlottenhof
und die Römischen Bäder. Potsdam-Sanssouci 1985.

Hartmann Manfred Schärf: Die klassizistischen Landschloßumbauten Karl Friedrich Schinkels. Berlin 1986,
S. 180-223.

Barry Bergdoll: Karl Friedrich Schinkel – Preußens
berühmtester Baumeister. München 1994, S. 103-169.

Heinz Schönemann/Reinhard Görner: Karl Friedrich
Schinkel Charlottenhof, Potsdam-Sanssouci,
Stuttgart/London 1997.

Potsdam

Brunnen für den Hof des Gewerbe-Instituts

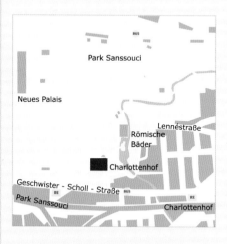

Entwurf	1829
Ausführung und Aufstellung im Hof	
des Berliner Gewerbe-Instituts	1831
Überführung nach Charlottenhof	1843

Der Brunnen, der heute in der Eingangs-halle des Schlosses Charlottenhof steht, wurde 1829 von Karl Friedrich Schinkel für den Hof des Gewerbe-Instituts in der Berliner Klosterstraße entworfen.

Schinkel nahm an der Entwicklung des 1821 gegründeten Instituts, das von seinem Freund Christian Peter Wilhelm Beuth geleitet wur-de, regen Anteil. Kunst und Architektur, Handwerk und industrielle Produktion soll-ten eine Verbindung eingehen. Von 1827 bis 1837 gaben Schinkel und Beuth die »Vor-bilder für Fabrikanten und Handwerker« heraus, eine Sammlung von kommentierten Kupferstichen, die der klassischen antiken Formensprache wie auch dem französischen Empire-Stil verpflichtet waren. Die Hand-werker sollten sich nach ihrer Vorstellung nicht an eigenen Entwürfen versuchen, son-dern das Bewährte und ewig Gültige nach ihrem Vermögen nachahmen. Davon ver-sprachen sie sich eine allgemeine Verbes-serung des preußischen Kunstgewerbes und Vorteile auf dem internationalen Markt.

Der Brunnen war ein Gemeinschaftswerk und auch als solches ein Beispiel für den Geist des Gewerbe-Instituts. Der Entwurf geht sowohl in der Gesamtform als auch in den Details auf Schinkel zurück. Das Mo-dell für den Bronze-Guss fertigte ein Stu-dent des Instituts an. Die vier Figuren-gruppen, die den Rand des Brunnens krö-nen, wurden unter der künstlerischen Leitung von Tieck, Beuth und Wichmann von Lehrern an der Gewerbeschule herge-stellt. Auch die hydraulischen Anlagen wurden von Schülern des Instituts gebaut. Wie im Begleittext in den »Vorbildern« mit Stolz erwähnt, konnte mit Hilfe der Dampf-maschine des Gewerbe-Instituts eine Was-serfontäne mit einer Höhe von 15 Metern erzeugt werden.

Der Brunnen besitzt wie viele andere Ent-würfe für Gefäße von Schinkel einen breiten runden Fuß mit Kymatien und Blattkränzen. Der Schaft ist wie eine Säule kanneliert. Über einem kapitellartigen Blattüberwurf setzt das straffe Profil des ausladenden

Das Vestibül von Schloss Charlottenhof mit dem Brunnen, heutiger Zustand

runden Wasserbeckens an. Die Seitenflächen der Schale mit dem Rankenfries und den wasserspeienden Löwenköpfen nehmen Elemente der griechischen Tempelarchitektur auf. Auf dem oberen Rand deutet ein gegenläufiges Wellenband eine Wasserfläche an, auf der Meereswesen spiegelbildlich um vier sich gegenüber stehende Palmetten gruppiert sind. Die Figurengruppen stellen mit Schleiern verhüllte, stark bewegte Frauengestalten dar, die auf Pferden, Stieren, Männern und Panthern mit Fischschwänzen reiten. Die Figuren wurden als eigenständige Werke der klassizistischen Plastik geschätzt und 1830 von August Kiss in der Akademie ausgestellt.

Nach seiner Thronbesteigung im Jahre 1840 wollte Friedrich Wilhelm IV. das bürgerliche Ambiente von Schloss Charlottenhof durch kostbare Ausstattungsgegenstän-

Entwurf für den Brunnen, 1829

de aufwerten. In diesem Zusammenhang wurde der Brunnen aus dem Hof des Gewerbe-Instituts im Vestibül des Schlosses aufgestellt. Er ersetzte ein einfaches, in den Fußboden eingelassenes Becken. Dafür musste die Fontäne verändert werden, die einen kandelaberförmigen Aufsatz erhielt.

Leider hat man bei der Reinigung und Restaurierung des Beckens im 20. Jahrhundert die Löwenköpfe mit neuen Leitungsrohren verunziert.

An seinem ursprünglichen Aufstellungsort hatte der Brunnen als Beispiel für die Erneuerung des preußischen Kunsthandwerks aus dem Geist der Antike den Schülern des Gewerbe-Institutes vor Augen gestanden. An seinem neuen Platz fügte er sich in die beziehungsreiche Vorstellungswelt des Schlosses Charlottenhof ein. Im blauen Dämmerlicht des abendseitigen Raumes steht der Brunnen mit seinen Figurengruppen für die untergründige, träumerische und rauschhafte Naturkraft des Wassers. SB

Literatur

Technische Deputation für Gewerbe (Hg.): Vorbilder für Fabrikanten und Handwerker. Berlin 1830, Band I, Heft II, S. 102–103.

Paul Ortwin Rave: Berlin. Bauten für Wissenschaft, Verwaltung, Heer, Wohnbau und Denkmäler (Karl Friedrich Schinkel-Lebenswerk, Bd. 11). Berlin 1962, S. 350.

Karl Friedrich Schinkel. Architektur, Malerei, Kunstgewerbe. Ausstellungskatalog Berlin 1981. S. 310, 326.

Michael Snodin: Karl Friedrich Schinkel. A universal man. New Haven/London 1991.

Potsdam
Römische Bäder mit Gärtnerhaus

Entwürfe für Pumpwerk am Schafgraben	1824–26
Mauer am Schafgraben, Befestigung des Maschinenteichs	1827
Hofgärtnerhaus	1829/30
Tempel am Wasser, rundbogige Laube	1830
Nördliche Pergola, Große Laube mit Stibadium, Gehilfenhaus	1831
Turm, Arkade (Orangerie), Fontäne	1832
Gedächtnisgarten mit Ädikulen und Exedra	1834
Baderäume hinter der Arkade	1836–39
Veränderungen der Innenräume durch Ludwig Persius	1844
Wandmalereien erneuert (Bäder)	1878
Umbau des Gärtnerhauses	1911–12
Restaurierungen	seit 1960

Kronprinz Friedrich Wilhelm (IV.) erhielt von seinem Vater 1825 das Gelände südlich des Schlossparks von Sanssouci, das er in Anspielung auf das märchenhafte Königreich in Südostasien »Siam« nannte. Dort ließ er das Gutshaus Charlottenhof zum Schloss umbauen und die sogenannten Römischen Bäder errichten. Die Gebäude-gruppe am Schafgraben stellte einen idyllischen ländlichen Aufenthaltsort dar, gleichsam als ergänzender Gegenpol zu dem herrschaftlichen Wohnbau des kunstsinnigen Souveräns.

Das Ensemble der Römischen Bäder setzt sich aus mehreren Gebäuden und intimen Außenräumen zusammen, die durch Per-

Ansicht von Westen, heutiger Zustand

Ansicht und Lageplan (Sammlung Architektonischer Entwürfe, 1835)

golen untereinander verbunden sind. Ihre Errichtung erfolgte schrittweise und bot dem architekturinteressierten Kronprinzen über mehrere Jahre eine anregende Beschäftigung. Sein persönlicher Einfluss ist überall spürbar. Die Bauausführung lag in den Händen des Schinkel-Schülers Ludwig Persius.

Im Zentrum der Anlage steht das Hofgärtnerhaus mit dem Turm, das 1829 nach dem Vorbild italienischer Landhäuser gestaltet wurde. Bereits Schinkels Reiseskizzen aus Italien belegen sein großes Interesse an solchen ländlichen Bauten. Eine dieser Zeichnungen von 1804 zeigt ein Gebäude, das aus einfachen verputzten Kuben und einer großen, mit Wein berankten Pergola besteht. Im Hintergrund der Laube ist eine doppelläufige Treppe zu erkennen, die an diejenige in den Römischen Bädern erinnert. Die Ähnlichkeiten zu den einfachen Wohnungen italienischer Bauern dürfen aber nicht darüber hinweg täuschen, dass es sich bei den Römischen Bädern um höfische Architektur handelt.

Besonders die Außenräume sind für den Aufenthalt des Kronprinzen konzipiert, der sich selbstironisch in der Skulptur des Butts am Eingang der Großen Laube in Erinnerung bringt. Der Neckname »Butt« begleitete Friedrich Wilhelm von Jugend an. Die Skulptur Christian Daniel Rauchs beruht auf einer Vorzeichnung Friedrich Wilhelms. Die 1831 mit dem Gehilfenhaus zusammen errichtete Große Laube ist der gedankliche Mittelpunkt der Römischen Bäder. Unter Weinranken ist hier ein Sitzplatz geschaffen, der durch Skulpturen und antike Originalstücke aus der Sammlung des Kronprinzen symbolisch überhöht wird. Wer hier Platz nimmt, hat die Vergangenheit im Rücken. Sie wird durch das altertümliche polygonale Mauerwerk der Rückwand mit den »Columbarien-Nischen« und durch das Kapitell angedeutet, auf dem die Tischplatte aufliegt. In einen antiken Sarkophag lässt der Butt frisches Wasser sprudeln. Die Darstellungen von Bacchanten, betrunkenen Begleitern des Weingottes,

Große Laube (Sammlung Architektonischer Entwürfe, 1835)

weisen den Platz als Ort der Lustbarkeit aus und gemahnen zugleich an die unheilvolle Wirkung unbeschränkten Genusses. Die Hermen, die die Balken der Pergola tragen, stellen den griechischen Gott des Rausches Dionysos einmal in seiner Eigenschaft als »Weinschenkender« und einmal als »zu Höherem Beflügelnder« dar. Wie der Herkules am Scheidewege, der in der Mitte der Laube aufgestellt war, bis er 2001 leider gestohlen wurde, wird der Besucher zum Nachdenken aufgefordert. Er hat die Wahl zwischen der vita contemplativa, zu der dieser Ort einlädt, und der vita activa, auf die die Treppe im Hintergrund verweist, die zugleich dazu auffordert, auf das Dach zu steigen und von dort mit einem Abguss des antiken »Betenden Knaben« über die Potsdamer Havellandschaft zu blicken.

Der Podiumstempel am Wasser und die Bogenlaube über dem Kanal, die 1830 angelegt wurden, gaben dem Ensemble ein pittoreskes und etwas altmodisch romantisches Aussehen. Die Motive hierzu waren einer Radierung von Carl Wilhelm Kolbe d. Ä. nach einer Vorlage von Salomon Gessner entnommen, die im Arbeitszimmer des

Ansicht von Süden, heutiger Zustand

Kronprinzen in Schloss Charlottenhof hing. Der Erinnerungsgarten mit den Memorialbauten der Eltern Friedrich Wilhelms und dem Rosengarten fügt dem Ganzen einen weiteren ernsten Aspekt hinzu. Laube, Altan und Gedächtnis-Garten sind wie das an einen Klosterhof erinnernde Parterre mit der Fontäne königliche Elemente. Dagegen verstärken Gehilfenhaus, Ställe und Nutzgarten, das »italienische Kulturstück«, noch einmal den ländlichen Charakter.

Die Baderäume hinter der Arkade, die seit 1839 angelegt wurden, sind mehr architektonisches Schaustück als benutzbare Architektur. In einer Mischung aus pompejanischen Wohnbauten und antiker Thermenarchitektur setzte Friedrich Wilhelm hier in reduzierter Form einige der aufwändigen Planungen zu einer Villa nach den Beschreibungen des antiken Schriftstellers und Villenbesitzers Plinius des Jüngeren um. Ursprünglich war dafür ein großes Gelände westlich des Schlosses Charlottenhof vorgesehen. Die beiden großen Wandgemälde im Eingangsraum der Bäder weisen auf den Zusammenhang hin, in dem die Römischen Bäder stehen. Links ist eine Villa über dem Golf von Neapel zu sehen, rechts sind es ländliche Bauten aus unterschiedlichen Zeiten in einer arkadischen Landschaft.

Nach seiner Thronbesteigung gab Friedrich Wilhelm IV. die Pläne zu einer Erweiterung der Anlage auf. Stattdessen ließ er den Komplex der Friedenskirche am Eingang zum Park von Sanssouci errichten. Die Bäder blieben allerdings als Ort für das Billardspiel in Gebrauch.

In den sechziger Jahren des 20. Jahrhunderts wurden erstmals tiefgreifendere Sanierungen notwendig, die zum Teil bis heute andauern. Die hölzernen Bauteile der Großen Laube und der Pergolen wurden ausgetauscht, und die Bäderbauten sowie das Gehilfenhaus erhielten neue Dächer. 1980 wurden der Putz und der Anstrich des Gärtnerhauses erneuert und das Dach mit Schiefer gedeckt. 1992 wurden die Bodenplatten im Caldarium (Warmbad) mit der Darstellung der Alexanderschlacht entfernt, da die mit Mosaik-Imitationen bemalten Fliesen sämtlich beschädigt waren.

So unscheinbar die Bauten auf den ersten Blick wirken mögen, das Ensemble weist eine solche Fülle an architekturgeschichtlichen Anspielungen und zugleich eine solche Vielzahl an einfallsreichen und raffinierten architektonischen Details auf, dass es als eines der bedeutendsten spätromantischen Architekturpasticcios anzusehen ist. In den Römischen Bädern hat Schinkel das zukunftsweisende Kompositionsprinzip mit asymmetrisch angeordneten Volumen und unterschiedlich begrenzten Außenräumen, die durch Pergolen verbunden werden, mustergültig und in besonders wirkungsvoller Weise umgesetzt. Insgesamt jedoch deutet Schinkel alle diese Elemente einer ländlichen Architektur durch die Wahl der Proportionen und Größen sowie durch die Stilisierung der Einzelelemente ins Allgemeingültige und Erhabene um. In diesem Sinne schuf er auch hier wahrhaft königliche Architektur.

Der »Butt«

Atrium der Römischen Bäder, heutiger Zustand

Die Römischen Bäder übten einen großen Einfluss auf die Entwicklung der Potsdamer Architekturlandschaft aus. Ludwig Persius, der nach Schinkels Tod auch an den Römischen Bädern die weiteren Planungen übernahm, fand in dem schlichten italianisierenden Stil das Vorbild für weitere Nebengebäude im Gartenreich und für seine bekannten Potsdamer Turmvillen.

Auch wenn große Teile des Entwurfs auf die Initiative des Kronprinzen selbst und auf andere Einflüsse zurückgehen, so tragen die ausgewogene Komposition und die sorgfältige Detaillierung der Kernbauten doch deutlich die Handschrift Schinkels. Die ausführliche Darstellung der Römischen Bäder in seinen »Architektonischen Entwürfen« zeigt, dass er gerade diesen Bauten große Bedeutung beimaß. Der hohe Anteil an original erhaltener Bausubstanz und die 1995 in ihrer originalen Form rekonstruierten Gartenanlagen bieten dem Besucher einen unmittelbaren Zugang zu der Gedankenwelt, die hinter den Entwürfen Schinkels steht.   SB

Literatur

Schinkel in Potsdam. Ausstellung zum 200. Geburtstag 1781–1841. Potsdam 1981.

Schinkel, Tradition und Denkmalpflege. Berlin 1982, S. XII–XIII.

Hans Hoffmann: Charlottenhof, Römische Bäder. Potsdam 1984.

Heinz Schönemann: Karl Friedrich Schinkel. Charlottenhof, Potsdam Sanssouci. Stuttgart/London 1997.

Silke Hollender: Schloß Charlottenhof und Römische Bäder. Ein italienischer Traum. München 2003.

Ludwig Persius, Architekt des Königs. Baukunst unter Friedrich Wilhelm IV. Begleitband zur Ausstellung, Potsdam 2003.

Potsdam
Nikolaikirche

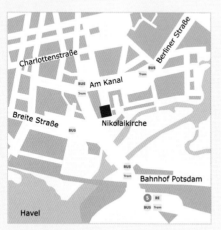

Entwurf	1829
Ausführung	1830–35
Weihe	1837
Umgestaltung	1843–50
Renovierung des Innenraums	1912
Schwere Kriegsschäden	1945
Sicherungsmaßnahmen	1947–50
Erneuerung der Kuppel	1956–62
Umgestaltung des Innenraumes	seit 1970
Wiederaufbau des Portikus	1977
Restaurierung der Nordfassade	2004

Die Nikolaikirche wurde 1830–35 in Potsdam an der Stelle ihres im Jahre 1795 durch Feuer zerstörten Vorgängerbaus errichtet. Zusammen mit dem Stadtschloss und dem Alten Rathaus bildete sie das konstituierende Ensemble des Alten Marktes, das 1945 zerstört wurde. Heute ist dieser bauliche Zusammenhang nur noch zu erahnen. Das Bauwerk ist ein von einer Tambourkuppel mit Umgang überwölbter Zentralbau mit Chorapsis und einem Portikus mit sechs korinthische Säulen und einem Giebel. An die vier Außenecken ist jeweils ein schlanker Glockenturm angebaut. Die zweischalige, laternenbekrönte Kuppel weist einen mit Fenstern versehenen Tambour auf, der von einem Kranz korinthischer Säulen umgeben ist. Der quadratische Grundriss erhält durch vier in die Ecken eingestellte Treppenhäuser, die zu den auf drei Seiten angebrachten Emporen führen, die Form eines griechischen Kreuzes, dessen Arme mit mächtigen Tonnen eingewölbt sind. Der quadratische Innenraum wird

durch einen durchfensterten Kuppelraum abgeschlossen.

Um 1796 hatte Schinkels Lehrer Friedrich Gilly den Plan für einen Neubau angefertigt, der einen von vier Pylonen umschlossenen Zentralbau mit tempelartiger Vorhalle vorsah, jedoch nie ausgeführt wurde. 1826 erteilte Friedrich Wilhelm III. Schinkel den Auftrag zu einem Neubau. Die Planung gestaltete sich schwierig, da König und Kronprinz unterschiedliche Vorstellungen von dessen Gestaltung hatten. Der König wünschte sich eine schlichte Basilika, sein Sohn hingegen schlug einen Kuppelbau vor und fertigte dazu sogar Skizzen an. Als Kompromiss kam ein Zentralbau mit flacher Innenkuppel zur Ausführung, der allerdings ein Satteldach mit dekorierter Giebelfront aufwies.

Die Bauarbeiten begannen mit der Grundsteinlegung am 3. September 1830 und endeten nach Fertigstellung der ebenfalls auf Schinkel zurückgehenden Innendekorationen mit der feierlichen Weihe des Gottes-

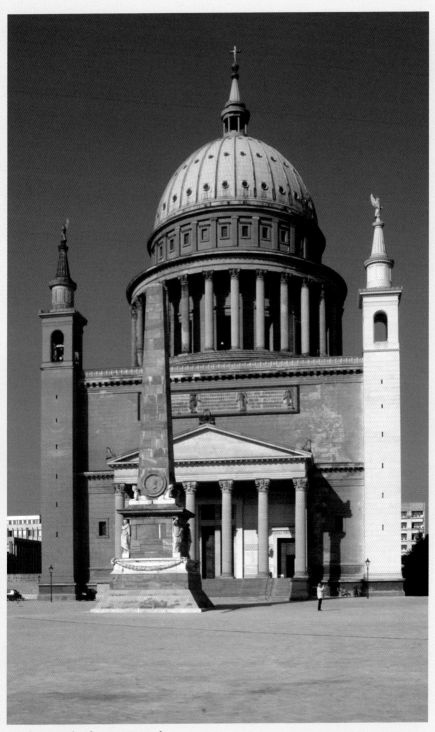

Ansicht von Süden, heutiger Zustand

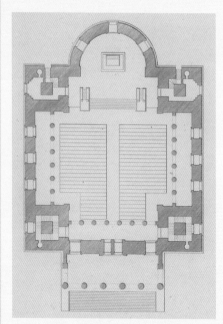

Grundriss der Kirche (Sammlung Architektonischer Entwürfe, 1834)

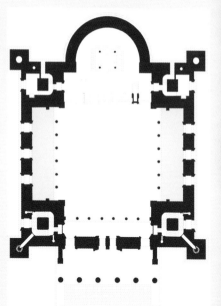

Grundriss, heutiger Zustand

hauses am 17. Dezember 1837. Mit der Bauaufsicht wurde Ludwig Persius betraut, der dazu 55 Berichte verfasste, die nicht nur über den Bauablauf, sondern auch über verwendete Materialien, bautechnische Details, handwerkliche Ausführung und auch Schwierigkeiten genaue Auskunft geben. 1840 verstarb Friedrich Wilhelm III. und im darauffolgenden Jahr Schinkel. Nicht ganz unerwartet gab 1843 sein Nachfolger Friedrich Wilhelm IV. Order, die Nikolaikirche nach dem ursprünglichen Plan Schinkels mit einer Kuppel zu versehen. Zur Verstärkung und Stabilisierung der Gebäudeecken mussten insgesamt vier schlanke Glockentürme angebaut und die bestehenden vier Tonnengewölbe so verstärkt werden, dass sie den durch die Kuppel entstehenden Schub aufnehmen konnten. Nach dem Tode von Ludwig Persius 1845 übernahm Friedrich August Stüler, ein Schüler Schinkels, bis zum Abschluss des Umbaus 1850 die Bauleitung.

1880 wurde eine Gasheizung eingebaut und 1905 elektrisches Licht.

1912 fand die erste größere Renovierung des Innenraumes statt. Zur Verbesserung der Akustik bzw. der Schalldämpfung wurden, nachdem 1882 bereits am Kuppelring ein Hanfnetz ausgespannt worden war, in den Gewölbebogen plastische Kassetten mit Rosettenabschluss angebracht und der Kanzeldeckel zum Kirchenraum hin verlängert. 1922 wurden in drei der Ecktürme die Glocken erneuert.

Die Nikolaikirche wurde 1945 durch Bombardement und Artilleriebeschuss schwer

Ansicht von Südwesten, 1837

Zustand nach 1945

beschädigt. Dabei stürzten die Kuppel mitsamt einem Teil der Kolonnade sowie der Portikus ein. Auch der Innenraum erlitt große Schäden, die große Heyse-Orgel wurde gänzlich zerstört.

1947 konnten das Gebäude notdürftig gesichert und der Tambour provisorisch gedeckt werden. Von September 1948 an wurde die Kirche von Schutt befreit.

Im gleichen Jahr erstellte der Kirchengemeinderat eine erste Kostenschätzung für den Wiederaufbau der Kuppel, die sich auf 760.000,– DM belief. 1956–58 wurde eine neue Außenkuppel nicht aus gusseisernen Trageelementen, sondern als Stahlgerippe (47t) mit Kupferverkleidung angefertigt, wobei sich die Materialbeschaffung als sehr schwierig erwies. Zugleich wurden weitere baukonstruktive Details geändert: So wurden die Säulen des Umganges gemauert und nicht mehr aus Stein angefertigt und die ehemals aus Zinkguss hergestellten Kapitelle durch solche aus Sandstein ersetzt. Ob dies aus Materialmangel geschah oder auf Grund fehlenden handwerklichen Könnens, ist unklar. Wohl aus finanziellen Gründen wurde auf die Restaurierung der auf der Innenseite der Fensteröffnungen des Tambours eingestellten Statuen verzichtet, womit ein wichtiges Zeugnis der Kriegszerstörung erhalten blieb.

1962 wurden die Arbeiten an der Kuppel mit der Rekonstruktion der Laterne und ihres Aufsatzes, bestehend aus Kugel und

Kreuz, abgeschlossen. 1975 fanden Ausschachtungsarbeiten für Kellerräume für technische Installationen statt; dabei wurden Skelette gefunden – ein eindeutiger Beleg, dass sich an der Stelle früher ein Friedhof befunden hatte. 1977 konnte der Wiederaufbau des Portikus, – allerdings ohne das zerstörte Relief der Bergpredigt im Tympanon – vollendet werden.

Die endgültige Instandsetzung des Innenraumes erfolgte in den 1970er Jahren, begleitet von größeren Änderungen: So wurden ein dunkler steinerner Fußboden verlegt und die Bänke erneuert. Die einschneidenste Maßnahme war zweifellos das Vorschieben der Säulen der Seitenemporen bis an die Pilaster in den Ecken des Zentralraumes. Auf der neugewonnenen Fläche unter den Emporen wurden auf zwei Geschossen Räumlichkeiten für die Gemeinde und das Pfarramt eingerichtet, die vom Kirchenraum mit Rauchglasscheiben abgetrennt sind. Durch diese Maßnahme wurde nicht nur der Grundriss modifiziert, sondern auch die Lichtführung, denn mit dem Wegfall der drei im Erdgeschoss angeordneten Seitenfenster wurde auf zwei Seiten die Belichtung des Kirchenraumes auf die hochgelegenen, mit buntem Glas

Inneres nach Süden, 1908

Inneres nach Norden, heutiger Zustand

ausgelegten Bogenfenster reduziert. Gleichzeitig wurde unter der Orgelempore ein durchgehender Windfang eingebaut, der zum Kirchenraum hin durch eine Glaswand abgeschlossen ist. Der Dekor – Ornamente und Malereien – wurde größtenteils restauriert oder nach Schinkels Originalplänen rekonstruiert. Möglicherweise aus politischen Gründen wurde darauf verzichtet, die zahlreichen Inschriften mit Bibeltexten erneut anzubringen. Die schlechte Akustik wurde nicht mehr durch Umgestaltung der Ornamente, sondern durch Anbringen von Akustikplatten in den Bögen und der Kuppel verbessert. Wirkliche

Abhilfe schaffte erst ein modernes elektronisches Tonsystem.

2004 erfolgte die exemplarische Restaurierung der Nordfassade und 2005 erhielt die Gemeinde die gebrauchte Orgel einer Essener Kirchgemeinde geschenkt, die nach größeren Umgestaltungen im Chorraum eingebaut wurde. Im gleichen Jahr wurde im Zuge der Rekonstruktion des Alten Marktes, die auch die Absenkung des Platzniveaus beinhaltete, der Aufgang zur Nikolaikirche durch drei Sandsteinstufen auf die originale Länge ergänzt.

Die Nikolaikirche zeichnet sich durch eine wechselvolle Bau- und Umbaugeschichte aus. Zwar entspricht der erst nach Schinkels Tod erfolgte Bau der Kuppel noch seinen Entwürfen, aber die dadurch notwendig gewordene Verstärkung der Gebäudeecken, die als Glockentürme ausgeführt ist, stellt einen Bruch mit dem ursprünglichen Außenbaukonzept dar. Der prächtige Kuppelaufbau ist die eigentliche Besonderheit der Kirche. Er entspricht aber in seinem konstruktiven Aufbau nur noch teilweise dem Original.   PS

Literatur:

Hans Kania: Potsdam. Staats-und Bürgerbauten (Karl Friedrich Schinkel-Lebenswerk, Bd. 1). Berlin 1939, S. 3–60.

Gerlinde Wiederanders: Die Kirchenbauten Karl Friedrich Schinkels. Künstlerische Idee und Funktion. Berlin 1981.

Gemeindekirchenrat (Hg.): Unter der Kuppel von St. Nikolai Potsdam. 1850 bis 2000. Potsdam 2000.

Potsdam
Schloss Babelsberg

Entwürfe	1825/26, 1834
Ausführung des	
1. Bauabschnitts (Schinkel)	1834–35
2. Bauabschnitts (Persius,	
Gebhardt, Strack, Gottgetreu)	1844–49
Mehrfache Veränderungen	
der Raumausstattungen	2. Hälfte 19. Jhd.
Umbauten	seit 1948
Museum für Ur- und Früh-	
geschichte	1963–99
Sanierung	seit 1990
Wiederherstellung der	
Garten- und Parkanlage	nach 1960,
	1971, seit 1990

Die Planungsgeschichte der Sommerresidenz des Prinzen Wilhelm (1797–1888) – seit 1861 König von Preußen und 1871–88 deutscher Kaiser – reicht bis in die Mitte der 1820er Jahre zurück. Damals hatte sein älterer Bruder, Kronprinz Friedrich Wilhelm (IV.), soeben mit Schinkel die Planungen für Schloss Charlottenhof abgeschlossen. Wilhelms jüngerer Bruder Karl hatte nach Schinkels Plänen den erweiterten Umbau des Landgutes Glienicke eingeleitet. So verwundert es nicht, dass der architekturbegeisterte Kronprinz und Schinkel auch Skizzen für eine Villenanlage im klassischen Stil auf halber Höhe des gegenüberliegenden Babelsberges anfertigten, den Prinz Wilhelm seit langem als Bauplatz favorisierte. Gartendirektor Peter Joseph Lenné befürwortete diese Wahl, die seinen Parkgürtel um Potsdam fortzusetzen erlaubte, doch der König (Friedrich Wilhelm III.) lehnte das Projekt 1826 aus finanziellen Gründen ab. Auch nach der Vermählung mit Augusta von Sachsen-Weimar-Eisenach im Juni 1829

blieb es vorerst, wie Wilhelm schrieb, bei »Luftschlössern auf dem Babelsberg«. Seit sich Augusta 1830 für die unter Mitwirkung Schinkels restaurierte Burg Rheinstein bei Bingen begeistert hatte, wurden Variationen des romantisch-mittelalterlichen Stils bevorzugt. Nach Art der romantischen Parkburgen in Landschaftsgärten sollten sie sich dem hügeligen und bewaldeten Landschaftscharakter einpassen. 1831 legte Ludwig Persius, enger Mitarbeiter Schinkels und seit kurzem Regierungsbauinspektor in Potsdam, den Entwurf einer kastellartigen Turmvilla im »normännischen Stil« vor. Dieser beruhte auf diversen Skizzen des Kronprinzen. Augusta hingegen orientierte sich angesichts der knappen finanziellen Mittel am bescheidenen Wohnkomfort der modernen englischen Cottagearchitektur. Sie lieh im Oktober 1832 entsprechende Stichwerke aus, darunter Humphry Reptons »Fragmente« über Theorie und Praxis der Landschaftsgärtnerei (1816) und Robert Lugars Buch über »Cottages

Ansicht von Norden, heutiger Zustand

and Rural Dwellings« (1815). Eigenhändig kopierte sie im Juli 1833 einen Musterentwurf Lugars, um endlich eine Baugenehmigung des Königs zu erhalten.

Dieses, von Persius nachgebesserte »Cottage von 50 Fuß Quadrat«, um das Wilhelm den Vater bat, wurde tatsächlich Anfang August 1833 genehmigt, überraschenderweise jedoch nicht realisiert. Vielmehr ging es in Schinkels im Oktober 1833 entstandenen romantischen Schlossentwurf ein, der 1838 in den »Architektonischen Entwürfen« publiziert wurde und die Grundlage des ausgeführten Baues bildet: Einerseits an seinen Ausbauplanungen für den Umbau der Rheinburgen (ab 1823), andererseits an der modernen englischen Theorie des pittoresken »Burgenstils« nach John Nash und Humphry Repton orientiert, entwarf Schinkel über irregulärem Grundriss eine monumentale malerische Baugruppe. Was Schinkels Burgenschloss vom labyrinthischen Musterentwurf Nashs unterscheidet, ist die von West nach Ost ansteigende Höhenlinie, unter der sich die verspringenden Kuben, oktogonalen und zylindrischen Baukörper in eine ausgewo-

gene und harmonische Dreieckskomposition einfügen. Horizontale (Terrassen, Zinnenkranz, Gesimse, Fenstergruppen) und Vertikale (aufsteigende Baulinien, Strebepfeiler, Stab- und Maßwerk) sind sorgfältig ausbalanciert, Wand und Öffnung stehen in einem klar proportionierten Verhältnis. In Grundriss und Aufriss des südöstlichen Flügels findet man Elemente des ursprünglichen Cottage-Projektes wieder: die von Osten anlaufende offene Pergola, die Abfolge der beidseitig von Eingangskorridor und Treppe gereihten Empfangs-, Wohn- und Speisezimmer, mit Fialen bekrönte Wandvorlagen und Standerker. Allerdings hat Schinkel den Mittelgiebel aufgegeben und stattdessen als Hauptakzent an der Westecke den oktogonalen Speisesaal angefügt, dessen voll verglaste Maßwerkfenster die Ausblicke auf die Havelseen, Glienicker Brücke und Schloss freigeben. Der zur Bergseite rückversetzte Westflügel reiht an einem langen Korridor weitere Gesellschaftsräume auf, darunter das kreisrunde Billardzimmer und die Gastzimmer im Bergfried, der zugleich als Aussichtsturm dienen sollte.

Es muss offen bleiben, ob Schinkel hoffte, den König doch noch für die Ausführung eines Großprojektes gewinnen zu können oder ob er von vornherein mit einer Realisierung in zwei Bauetappen rechnete und deshalb – ein fortschrittlicher Gedanke – die Baunaht zwischen Ost- und Westflügel vorprogrammierte. Persius, der die Bauausführung leitete, berichtet 1837 unter dem Siegel der Verschwiegenheit, dass sich Schinkel von diesem Projekt fast gänzlich zurückgezogen habe, »als an demselben gleich anfänglich von den Höchst. Herrschaften das Amputiermesser angelegt wurde [...]. Der Schinkelsche Plan ward nur etwa zur Hälfte seiner Ausdehnung genehmigt [...]«. Der Grundstein wurde am 1. Juni 1834 gelegt, die Einweihung erfolgte in Anwesenheit Schinkels, Persius' und Lennés am 18. Oktober 1835, dem Jahrestag der Völkerschlacht und zugleich vierten Geburtstag des Prinzen Friedrich.

Fast ein Jahrzehnt wurde Schinkels Cottage-Fragment als eigenständiges Bauwerk genutzt, bevor 1844–1849 der stark veränderte Westflügel unter der Leitung Johann Heinrich Stracks und Martin Gottgetreus angefügt wurde. Den gravierendsten, noch zu Lebzeiten des Meisters durch Persius geplanten Eingriff in Schinkels Entwurf stellte die Einfügung des großen Tanzsaales in Form eines gewaltigen dreistöckigen Oktogons dar, das beide Flügel verklammert und den kompositorischen Schwerpunkt zur Mitte hin verschiebt. Entsprechend erhielt nun der Westflügel ein größeres, aber spannungslos gegliedertes Volumen, und der Bergfried musste aufgestockt werden. Die nun stärker architektonisch gefassten Terrassenanlagen, die Persius von den antiken Villenbeschreibungen des jüngeren Plinius (61– um 113) ableitete, und der von Fürst Hermann von Pückler-Muskau seit 1843 konzipierte Pleasureground fangen die missglückte Komposition durch eine raffinierte landschaftliche Einbindung weitgehend auf.

Auf Schinkel geht, abgesehen von der

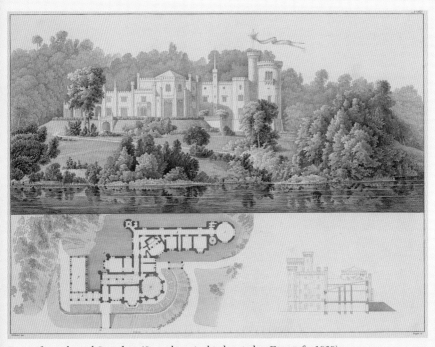

Entwurfsansicht und Grundriss (Sammlung Architektonischer Entwürfe, 1838)

Entwurf für die Ausmalung des Speisesaales, 1834

kompositorischen Grundlinie und der Stillage, bei kritischer Betrachtung nur der Ostflügel zurück. Aber selbst dessen Räume lassen nur noch Spuren seiner Handschrift erkennen. Zum einen änderten Wilhelm und Augusta schon während der Ausführung Farbigkeit und Details, zum anderen erhielten die meisten Zimmer während der zweiten Bauphase unter Strack und später eine reichere, dem Zeitgeschmack angepasste Dekoration. Raumempfinden, Landschaftsbezug und Dekor der Schinkelzeit sind vor allem noch im Arbeitszimmer Augustas und im oktogonalen Speisesaal (Teesalon) nachvollziehbar, dessen kürzlich rekonstruierte Sprossenfenster die 1861 von Gottgetreu eingefügten, ungeteilten Panoramascheiben (ein baugeschichtlich eigentlich denkmalwertes Detail) ersetzen.

Babelsberg, das sich trotz diverser Umnutzungen und brutaler baulicher Eingriffe in der Nachkriegszeit, die mittlerweile beseitigt wurden, heute erstaunlicherweise noch weitgehend im Zustand des späten 19. Jahrhunderts präsentiert aber dringend einer grundlegenden Sanierung bedarf, ist ein in seiner kunstgeschichtlichen Bedeutung bislang unterschätztes Baudenkmal. Das Schloss erscheint nicht nur durch die von traditionellen Repräsentationsmustern abgelöste romantische Wohnform und den intimen, aber großartigen Landschaftsbezug modern; auch durch die sparsame Konstruktion als

Ausgeführter Schinkelbau von Westen, um 1840

Heinrich Strack, Ansicht des erweiterten Schlosses, 1845

Sichtziegelbau mit gestäbten Fugen in hellgelben märkischen Klinkern, die aus der unmittelbaren Umgebung Potsdams stammen, wirkte es zukunftsweisend. Lediglich Schinkels Strebepfeiler sind als Sandsteinimitat verputzt. Von den Erfahrungen mit farblich differenzierten Formziegeln bei der Errichtung der Bauakademie (1834–36) profitierte der zweite Bauabschnitt, indem nun alle gliedernden und schmückenden Bauteile in Rotziegel abgesetzt wurden. AvB

Literatur

Johannes Sievers: Bauten für den Prinzen Wilhelm von Preußen (Karl Friedrich Schinkel-Lebenswerk, Bd. 9). Berlin 1955, S. 157–218.

Ludwig Persius. Architekt des Königs, Baukunst unter Friedrich Wilhelm IV., Ausstellungskatalog Stiftung Preußische Schlösser und Gärten Berlin-Brandenburg. Regensburg 2003.

Stefan Gehlen:»Was fühle ich mich glücklich auch bei diesem Bau im Geiste meines theuren Meisters fortwirken zu dürfen« – Zur Pliniusrezeption von Karl Friedrich Schinkel und Ludwig Persius in Babelsberg. In: Jahrbuch Stiftung Preußische Schlösser und Gärten Berlin-Brandenburg 5 (2003), S. 71–82

Martin Gropius, Wanddekoration Schinkels im Prinz-Albrecht-Palais, um 1860

DENKMALPFLEGE

Karl Friedrich Schinkel war neben seiner Tätigkeit als entwerfender Architekt auch maßgeblich an der Erfassung, Erhaltung und Pflege von Bau- und Kunstdenkmälern beteiligt. Er gilt zu Recht als einer der Gründungsväter der institutionalisierten Denkmalpflege. Insbesondere sein Memorandum zur »Erhaltung aller Denkmäler und Alterthümer unseres Landes«, in dem er in groben Zügen die Notwendigkeit staatlicher Schutzmaßnahmen und des Aufbaus einer eigenen Denkmalbehörde beschrieb, wies weit über seine Zeit hinaus.

Freilich sind heute nur noch wenige der von Schinkel initiierten Maßnahmen unverändert zu besichtigen, da vieles später verändert oder zerstört wurde. Dennoch lohnt es sich, einen Blick auf das Schaffen Schinkels als Denkmalpfleger zu werfen. Seine besondere Situation als Beamter des preußischen Staates und sein Geschichtsverständnis bieten einen wichtigen Schlüssel zum Verständnis der Person Schinkels und seines Gesamtwerkes.

Anfänge der Denkmalpflege in Preußen

Gesetze und Verordnungen zum Schutz des baulichen Kulturerbes hatte es bereits vor dem 19. Jahrhundert gegeben. Erst die Reformen in Preußen unter Stein und Hardenberg führten jedoch zur Gründung einer staatlichen Institution, der Oberbaudeputation, die den künstlerischen Wert und die technische Durchführbarkeit prüfen sowie die Sparsamkeit bei allen größeren Bauprojekten gewährleisten sollte. Als Angehöriger der Oberbaudeputation hatte Schinkel seit 1810 neben den Neubauten auch alle Vorhaben in Preußen zu begutachten, die die Veränderung historischer Gebäude zum Ziel hatten. 1815 sah er sich genötigt, an die Notwendigkeit zum Schutz der Denkmäler zu erinnern, als ein Offizier an dem um 1736 errichteten Pontonhof in Berlin, einem militärischen Lagergebäude, ein Basrelief und die barocke Inschrift hatte entfernen lassen. Schinkel, der das Bauwerk (fälschlich) Schlüter zuschrieb, forderte, eine »allgemeine Verfügung zum Schutz öffentlicher Denkmäler von seiner Majestät dem König auszuwirken, wodurch jedes Gebäude, auch wenn es seinem sonstigen Zwecke nach anderen Behörden zugeteilt wäre, in der Qualität, die es als Denkmal ganz allgemein besitzt, unter die Obhut einer besonderen Behörde gestellt werden müßte, zu der sich vielleicht unser Kollegium am besten eignen würde.« Schinkel bot an, einen Plan auszuarbeiten, »durch welche Mittel die Erhaltung aller öffentlichen Denkmäler unseres Landes, deren Anzahl besonders durch die neuen Provinzen am Rhein so bedeutend vermehrt werden, bewirkt werden könnte.« Eine Dienstreise nach Wittenberg gab schließlich 1815 den Ausschlag für eine institutionelle Verankerung des Denkmalschutzes. In den Befreiungskriegen war die dortige Schlosskirche, der als erster protestantischer Kirche und Wirkungsort Luthers gerade auch für das preußische Königtum eine besondere historische Bedeutung zukam, von preußischen Kanonen stark beschädigt worden. Der von Schinkel gemeinsam mit seinen Kollegen formulierte

Bericht über diese Zerstörung enthielt ein ausführliches Programm, das den künftigen Erhalt der Baudenkmäler sicherstellen sollte. Er stellte fest, dass nun »allgemeine und durchgreifende Maßregeln angewendet werden« müssten, da das Land sonst »in kurzer Zeit unheimlich, nackt und kahl, wie eine neue Colonie in einem früher nicht bewohnten Land dastehen« werde. Beklagenswert erschien ihm besonders der Verkauf von Kunstwerken ins Ausland, der durch das neue gesteigerte Interesse an Altertümern zunahm. »Es ist hier zum Beleg unter so vielen Thatsachen nur die eine vorzuführen, dass die ganze eine Seite der köstlich gemalten Glasfenster im Kölner Dom an einen Engländer verkauft wurde, ...«. Gefordert wird die Einrichtung von Schutzdeputationen, die von kundigen Männern vor Ort unterstützt werden sollten. Nicht das Mindeste dürfe an der Form eines öffentlichen Denkmals geändert werden ohne »Anzeige und Rückfrage höheren Ortes«. Als ersten Schritt empfahl er eine systematische Erfassung der Denkmäler aus der Zeit vor der ersten Hälfte des 17. Jahrhunderts. Bemerkenswerterweise lehnte er die Sammlung der Kunstschätze in einem zentralen Museum ab. »Jedem Bezirk müßte das Eigenthum dieser Art als ein ewiges Heiligthum verbleiben;...«. Zugleich sollen in den Provinzen Kunstschulen eingerichtet werden, an denen die regionale historische Baukunst erforscht und gelehrt werden sollte.

Der König nahm die Vorschläge 1815 in einer Kabinettsorder auf und betraute die Oberbaudeputation mit der Aufgabe. Jede Behörde musste nun vor der Veränderung öffentlicher Gebäude oder Denkmäler die Pläne dort zur Kontrolle vorlegen. Als Denkmäler galten Bauten von »historischem und antiquarischen Wert«. Darunter verstand man zunächst vor allem Denkmäler der nationalen Geschichte, mit zunehmendem kunsthistorischem Bewusstsein bald jedoch auch jedes bedeutende Kunstwerk und schließlich auch Objekte wie Ruinen,

die das romantische Empfinden der Zeit ansprachen. Dazu kamen nicht zuletzt die zahllosen Kirchenbauten, für deren Unterhalt sich nach der Säkularisation niemand mehr zuständig fühlte.

Wie seine Kollegen war auch Schinkel verpflichtet, alle Provinzen regelmäßig zu bereisen, den Zustand der Gebäude festzustellen und wenn nötig Vorschläge zu Erhaltungs- und Reparaturmaßnahmen zu machen. Daneben versuchte er, Verzeichnisse, Pläne und Beschreibungen der wichtigen Baudenkmale zentral in Berlin zu sammeln, um einen Überblick über den Bestand zu gewinnen. Architekten, die sich zur Prüfung an der Oberbaudeputation anmeldeten, ließ er als Übungsaufgabe Aufmaße wichtiger Gebäude erstellen.

Von Beginn an machte sich ein Zwiespalt bemerkbar, der bereits die Gründung der Baudeputation bestimmt hatte. Einerseits war sie im Zuge der liberalen Staatsreformen eingerichtet worden, die die Unabhängigkeit der Provinzen berücksichtigen wollten, andererseits mischte sie sich aber in deren Angelegenheiten ein. Wäre es nach ihren Leitern gegangen, hätte die Behörde umfassende Befugnisse in allen Belangen des Bauwesens besessen. Dagegen wehrten sich die Provinzverwaltungen und Gemeinden; bisweilen reichten sie ihre Projekte bewusst erst nach Baubeginn ein, so dass keine gravierenden Änderungen mehr möglich waren.

Zudem gab es keine Denkmallisten und damit keine eindeutige Vorgabe, was als erhaltenswertes Denkmal galt, und was nicht. Der Aufforderung an die Provinzbehörden, Verzeichnisse der historisch interessanten Bauwerke in ihren Bezirken anzulegen, kamen nur wenige nach. So war es vielfach dem Zufall überlassen, zu welchen Fällen der Sachverstand der Oberbaudeputation herangezogen wurde. Für die königlichen Bauten war Schinkels Behörde nur in Einzelfällen zuständig und generell behielt sich der König in vielen Dingen die endgültige Entscheidung vor.

Dennoch wurde Schinkel herangezogen, wenn Veränderungen beispielsweise im näheren Umfeld des Berliner Schlosses geplant waren. Für die Lange Brücke entwarf er ein neues Eisengitter und den Sockel des Denkmals des Großen Kurfürsten und empfahl gleichzeitig die Erhaltung der *»patriotischen Bildwerke«*. Die Maßnahmen, die er zur Erhaltung der Statuen auf dem königlichen Schloss vorschlug, wurden aus Kostengründen abgelehnt. Die Finanzlage des Staates nach den Befreiungskriegen ließ keinen großen Spielraum. In keinem Gutachten Schinkels fehlte der Hinweis auf die finanziellen Vorzüge der einen oder der anderen Lösungsvariante.

Denkmalpflege-Projekte

An weit über hundert Baumaßnahmen und Gutachten war Schinkel im Rahmen seiner Tätigkeit für die Oberbaudeputation auf die eine oder andere Weise beteiligt. Nicht immer ist sein Anteil an den tatsächlich ausgeführten Maßnahmen genau zu bestimmen. Oft bestand sein Beitrag nur in einer kurzen Skizze, die er auf einer seiner Inspektionsreisen anfertigte. Dennoch ist allein die Anzahl der Objekte, zu denen er sich geäußert hat, beeindruckend. Viele der frühen Projekte betreffen Bauten in Berlin, eine Fülle neuer Aufgaben entstand durch den Anschluss des Rheinlandes. Aber auch in den übrigen Provinzen Preußens war Schinkel vielfach tätig.

Kein Projekt hat die Zeitgenossen so sehr bewegt wie die Vollendung des seit der Mitte des 14. Jahrhunderts liegen gebliebenen hochgotischen Neubaus des Doms in **Köln** und die Erhaltung der dort bereits bestehenden Gebäudeteile. Als Kronprinz Friedrich Wilhelm (IV.) auf der Rückreise vom französischen Feldzug 1814 Köln besuchte, stellte er begeistert und voller Nationalstolz fest, dass der »riesenhafte Torso altdeutscher Baukunst« viel beeindruckender sei, als alles, was er in Frankreich, den

Erster Entwurf zum Ausbau des Lang- und Querhauses des Kölner Domes ohne Strebebogensystem, 1834

Niederlanden und England gesehen hatte. Schinkel war von 1816, als die Rheinlande zum ersten Mal bereiste, bis 1838 immer wieder mit Fragen zur Wiederherstellung des Domes beschäftigt. Bereits in den 1820er Jahren liefen mit finanzieller Unterstützung des Königs die ersten Restaurierungsarbeiten an. Schinkel betonte, dass eine dauerhafte Sicherung nur durch den Weiterbau möglich wäre. Zugleich sah er im Dombau eine »*Werkschule der Kunst*«, die zu einem besseren Verständnis der älteren Baukunst, die er als Vorbild verstand, führen sollte. Interessant ist dabei seine Haltung zum Bauornament. In der Diskussion, ob eine vereinfachende oder eine dem Original stark angenäherte Rekonstruktion der vom Zerfall bedrohten Teile vorzuziehen sei, gab er der künstlerischen Neuschöpfung den Vorzug. Er selbst entwarf antikisierende Wächterengel für die Tabernakel der Strebepfeiler an der Chor-

147

Entwurf für die Wiederherstellung der Klause bei Kastel am Rhein, 1835

kapelle, die bis 1838 von Peter Joseph Imhoff ausgeführt wurden.

Von großer Bedeutung für das Nationalempfinden Preußens war auch die **Marienburg**, der ehemalige Sitz des Deutschen Ritterordens. Hier sah man neben der Sicherung des Bestandes eine vervollständigende Ergänzung nach Zeichnungen Schinkels vor. Das romantische Empfinden und die Wertschätzung des Pittoresken dürfte der entscheidende Grund für Schinkels Engagement zur Erhaltung von alten Türmen, Ruinen und manchen baulichen Kuriositäten, wie beispielsweise der Klause **Kastel** am Rhein, der alten Türme bei **Rheinberg** und in **Mettlach** und anderer gewesen sein. Entgegen dem Wunsch vieler Gemeinden, die Anfang des 19. Jahrhunderts ihre Befestigungen schleiften und die Innenstädte für den Wagenverkehr öffneten, bestand Schinkel auf der Erhaltung alter Stadttore und Türme. Um die Kaiser-

trutz, ein 1490 zur Verstärkung eines Stadttores in **Görlitz** erbautes Rondell, vor dem Abriss zu bewahren, schlug er 1832 vor, eine neue breite Durchfahrt durch die anschließende Stadtmauer zu brechen. Viele Türme in Preußen erhielten neue Abschlüsse oder Dächer, um sie vor weiterem Verfall zu bewahren. Dazu gehörte auch der Juliusturm in der Zitadelle **Spandau**, der im Kern noch aus dem Mittelalter stammte und aus militärischen Gründen mehrfach erhöht worden war. Schinkel entwarf 1838 einen, wie er meinte, stilistisch passenden Zinnenkranz, der bis heute erhalten ist.

In Einzelfällen war Schinkel bereit, zugunsten der Ökonomie oder aus anderen Gründen von seinem persönlichen Geschmacksurteil abzusehen und sich sogar für den Schutz barocker Baukunst einzusetzen, die er insgesamt für eine Verirrung hielt. Die ehemalige Klosterkirche in **Kamieniec Ząbkowicki (Kamenz)** besaß einen barocken Giebel, der im Zusammenhang mit dem nahe gelegenen Schloss-Neubau nicht mehr passend erschien. Schinkel plädierte in diesem Fall ausdrücklich für einen Erhalt und konnte sich mit Hilfe des Königs auch durchsetzen.

Obwohl Schinkel selbst bei vielen Kirchenprojekten den Innenraum freigeräumt und für den evangelischen Gottesdienst angepasst hatte und obwohl er die bauliche Trennung durch Chorschranken und andere Bauglieder generell ästhetisch unbefrie-

Kamieniec Ząbkowicki (Kamenz), ehemalige Klosterkirche mit Barockgiebel, 1841

digend fand, sah er das Verschwinden der letzten Zeugnisse des »alten Kultus« mit Sorge. Er setzte sich daher außer für den Lettner in **Xanten** auch für denjenigen im Dom zu **Kołobrzeg (Kolberg)** ein. Dieser stammte aus dem 15. Jahrhundert und war der einzige erhaltene in Pommern. Schinkel begründete seine Haltung:»Das Projekt, einen altertümlichen Abschluß [den Lettner] vor dem hohen Chor wegzunehmen, um letzteren mit dem Kirchenschiff in einem Raume zu verschmelzen und den Hochaltar, der jetzt vor jenem Abschluß steht, in den Hintergrund des hohen Chores zu rücken, habe ich auszuführen abgeraten, weil dadurch ein interessantes Altertum zerstört werden würde...«. Während sich die Zusammenarbeit mit den Provinzverwaltungen oft schwierig gestaltete, befolgte das preußische Kriegsministerium die Verfügungen vorbildlich und hielt bei geplanten Umbauten den Dienstweg über die Oberbaudeputation ein. So konnte Schinkel mehrere Bauten in **Berlin** begutachten. An allen diesen Projekten zeigt sich, wie geschickt Schinkel Respekt für den Baubestand und praktischen Nutzen zu verbinden wusste. Vom Fürstenhaus in der Kurstraße 52–53 am Werderschen Markt, 1689–90 von Johann Arnold Nering erbaut, sollten die Figuren und die Balustrade wegen Schäden und Baufälligkeit abgenommen werden. Schinkel verfasste 1817 ein Gutachten gegen falsch verstandene Sparsamkeit.»Unmöglich kann es in einer Hauptstadt Prinzip werden, ausgezeichnete öffentliche Gebäude auf diese Weise zu zerstören; wir würden auf diesem Wege bald dahin kommen, auch das Zeughaus und alle übrigen Gebäude des Schmuckes beraubt zu sehen, der an eine schöne Vorzeit erinnert und das wahre Interesse bei der Architektur einer Stadt gewährt. Nach hundert Jahren, welche nunmehr das Gebäude sich erhalten, sei eine Reparatur in vollständiger Art wohl einmal daran zu wenden.« Schinkel lag vor allem die städtebauliche Wirkung der barocken Fassade

Dom in Kołobrzeg (Kolberg), Inneres nach Osten, mit Lettner, Vorkriegszustand

am Herzen. Der enge Kostenrahmen zwang ihn zunächst zu einer genauen Begutachtung des Zustandes der Balustrade vor Ort und in der Folge zu einer detaillierten Ausführungsplanung. Die zwei schadhaften Statuen wurden entfernt und die übrigen in der Mitte zusammengerückt, so dass das Gesamtbild nicht gestört wurde, obwohl die äußeren Podeste leer blieben. 1817 entsprach Schinkels Vorgehen beim Entwurf von Ladeneinbauten im Erdgeschoss der von Schlüter 1702 errichteten Alten Post ganz den Prinzipien heutiger Denkmalpflege-Praxis. Auf der Grundlage einer genauen Bauaufnahme setzte er sich eingehend mit dem Bestand, dessen Disposition und den Erhaltungsmöglichkeiten auseinander. Zwar ging es ihm vor allem darum, das Gebäude an dem prominenten Platz gegenüber dem Schloss »angenehm zu verzieren«, nach der Aufnahme aber kam er zu dem Ergebnis, dass ein solches Vorhaben mit dem Wert des Bauwerkes nicht vereinbar sei. 1822 erbat das Kriegsministerium die Zustimmung zur Abnahme des Figurenschmucks, der Vasen und

Zitadelle Spandau, Juliusturm mit Zinnenkranz, heutiger Zustand

des mittig angebrachten Wappens an dem von ihm 1821 bezogenen Barockpalais in der Leipziger Straße 5, denn man empfand den Baudekor als nicht mehr zeitgemäß. Schinkel hielt dem entgegen: »Wir bemerken, dass, wenngleich die in Rede stehende Figur und das Wappen von dem Dienstgebäude des Ministeriums an sich keinen Kunstwert hätten, so sei doch der Stil des ganzen Gebäudes mit diesen Ornamenten in gemäßer Übereinstimmung, und müßten wir deshalb, wenn es sich irgend tun läßt, für die Erhaltung derselben stimmen, wobei jedoch bemerkt wird, dass keineswegs eine vollständige Erneuerung nötig ist, sondern die alten Formen nur in dem Zustande, worinnen sie sind, vor dem Herunterstürzen gesichert werden brauchen, wozu sich gewiß noch Mittel finden werden und welche Arbeit vorläufig vielleicht weniger Kosten verursachen wird als das gänzliche Abnehmen der Stücke.« Die Begründung, die Schinkel hier für die Erhaltung gab, ist für sein gesamtes Schaffen als Denkmalpfleger bezeichnend. An oberster Stelle stand für ihn die ästhetische Qualität, die »Übereinstimmung« der einzelnen Teile mit dem »*Stil*« des Gebäudes.

Bei der Erneuerung historischer Kirchen war Schinkels Urteil sowohl in baukonstruktiver wie auch in gestalterischer Hinsicht gefragt. Nach einer ganzen Reihe von Gutachten zur Standfestigkeit des Nordwestturmes des Domes in **Brandenburg** seit 1827 entschloss man sich, die übrigen Teile der Westfassade zur Unterstützung des Turmes zu verstärken und gestaltete sie 1836 in dem heute noch erkennbaren, an englische Kathedralfassaden erinnernden neugotischen Stil um. In der Nikolaikirche in Berlin erfolgte die Instandsetzung der Emporen, der Abriss des obersten Emporengeschosses und das Freiräumen der Pfeiler nach Schinkels Vorschlägen, ebenso der Innenanstrich in grüner Farbe.

Nach dem Ende der französischen Herrschaft sollten viele der säkularisierten Kirchen für den protestantischen Kultus nutz-

Brandenburg, Westfassade und Turmaufsatz des Domes, heutiger Zustand

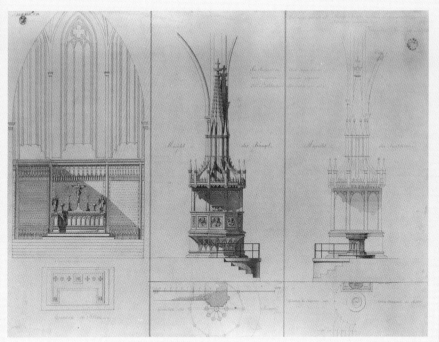

Entwurf für die Neueinrichtung von St. Florian in Koblenz für den evangelischen Gottesdienst, 1819

bar gemacht werden. Oft waren die Ausstattungen inzwischen verloren. Schinkel fertigte zahlreiche Entwürfe für Altäre, Kanzeln und andere Ausstattungsgegenstände, aber auch für die Umgestaltung der Chorsituationen oder den Einbau von Emporen an. Für die Nikolaikirche in **Pasewalk** entwarf er 1822 eine Altarwand, die das Andachtsbild architektonisch fassen sollte. In der Sophienkirche in Berlin drehte man 1834 die barocke Querausrichtung und veränderte die Kanzel nach den Plänen Schinkels. Manche dieser Maßnahmen, wie etwa die Umgestaltung von St. Florian in **Koblenz** 1819 im traditionell katholischen Umfeld kann man durchaus als einen politisch motivierten Denkmalpflege-Akt auffassen, der die preußische Präsenz in der neuen Provinz unterstützen sollte.

Viele der Gutachten Schinkels betreffen eher Verschönerungs- als Erhaltungsmaßnahmen, und man würde sie heute nicht mehr unbedingt unter dem Begriff der Denkmalpflege fassen. Gerade bei den Kirchen gingen Schinkels Vorschläge zur Wiederherstellung oft sehr weit. Für den Chor der nicht erhaltenen Marienkirche in **Kostrzyn (Küstrin)** schuf er 1815–17 einen stimmungsvollen, lichtdurchfluteten Altarraum. Bei der Sanierung der Marienkirche in **Frankfurt (Oder)** 1828–30 gestaltete er nicht nur die Fassung des Innenraumes, sondern entwarf auch die Form der neuen Bündelpfeiler, deren korinthisierende Kapitelle nach Schinkels Entwurf bis heute erhalten geblieben sind, abweichend von den mittelalterlichen Vorbildern.

Für die Franziskaner-Kirche in Berlin schlug Schinkel 1813 eine Erhöhung des Chores und einen von einem Baldachin geschmückten Altar vor. Als er 1838 Planungen zur Restaurierung dieser Kirche begutachten sollte, verwies er auf seine eigenen Entwürfe. Die romantischen Türme für die Westfassade und die Rundbogenarkade wurden 1845 umgesetzt.Für zahllose Kirchtürme, deren Obergeschosse der Verwitterung besonders ausgesetzt und daher

St. Marien und St. Nikolai in Pritzwalk,
Altarrahmung der neugotischen Ausstattung,
heutiger Zustand

oft schadhaft waren, plante Schinkel neugotische Turmhelme, die die Gestalt der
Gebäude stilgerecht abrunden sollten. So

erhielt die Garnisonkirche in **Berlin** Kreu-
ze auf den Firstpunkten und der Turm-
helm der dortigen Jerusalemskirche wurde
1837 nach Art eines gotischen Spitzhelmes
ausgeführt.

Theoretische Auseinandersetzung mit dem
Thema Denkmalpflege, gutachterliche Tätigkeit und der eigene Umgang mit dem
Bestand passten nicht immer zusammen.
So konnte Schinkel in seinem Gutachten
zur Erneuerung der Freitreppe an der
St. Hedwigskirche in Berlin vom 1.5.1819
in kurzen Worten einige der Grundsätze
der städtebaulichen Denkmalpflege formu-
lieren, fordern, dass die »Herstellung ver-
alteter und baufälliger Gebäude sich möglichst streng an der ursprünglichen Form
zu halten [hat], wenn sich dies irgend mit
der zeitgemäßen Bestimmung des Gebäudes vertragen will« und sogar »Fehlerhaftes«
als »interessantes Glied« in einer »historischen Reihe« sehen, das »an seinem Platz
manchen Wink und Aufschluß geben« wird,
um dann aber doch die Herstellung von

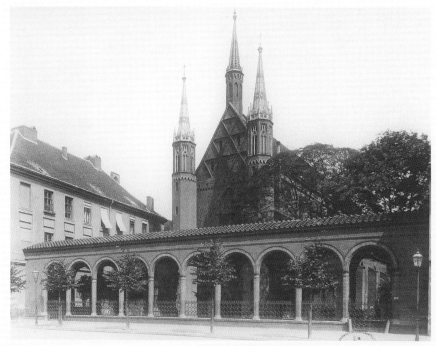

Berlin, Franziskaner-Klosterkirche mit den Türmen nach Schinkels Entwurf von Südwesten, 1890

Johann Claudius von Lassaulx, Ruine der Burg Stolzenfels am Rhein, Bauaufnahme 1823

einfachen unprofilierten Stufen an Stelle der barocken Freitreppe zu empfehlen. Dies begründete er mit den ästhetischen Aspekten des Gebäudes selbst. Da die Sockelzone der Kirche nicht zierlich sei, könne auch die Form der Stufen kantiger sein als das profilierte Original. Außerdem führt er mit dem Verweis auf den Stufenunterbau des klassischen Tempels die höhere Autorität der Baukunst der Antike ins Feld. Neben den ausdrücklichen Denkmalpflege-Projekten muss man auch die Umbauentwürfe berücksichtigen, wenn man die Haltung Schinkels zur historischen Bausubstanz verstehen will. Schon einer seiner ersten ausgeführten Entwürfe betraf den Umbau eines bestehenden Gebäudes. Die Neugestaltung von Schloss **Buckow** in Brandenburg 1802 zeigte bereits sein Gespür für die Verbindung von Alt und Neu. Schinkel wusste, dass nur ein genutztes Gebäude gepflegt wird. Er suchte daher nach neuen Nutzungen für die alten Gebäude. Für die Moritzburg in **Halle** schlug er 1829 die Einrichtung einer Universität vor. Die Ergänzungsbauten hielt er im »goti-

schen« Stil, auch wenn die von ihm geplanten Bauvolumen kein originales Vorbild aus dem Mittelalter hatten.

Burg **Stolzenfels** am Rhein, die Schinkel nach ersten zurückhaltenden Entwürfen aus dem Jahr 1823 dann von 1836 bis 1840 für den Kronprinzen Friedrich Wilhelm ausbaute, vermittelt noch heute einen Eindruck von seinen Vorstellungen einer dem Objekt gemäßen Wiederherstellung. Er stand der Neunutzung der Burgen am Rhein durch die preußischen Prinzen skeptisch gegenüber, weil mit dem Ausbau der malerische Reiz der Ruinen verloren ging, die er schon bei seiner ersten Reise ins Rheinland 1816 skizziert hatte. Besonders die notwendigen neuen Dächer schienen ihm nicht in die »heroische« Landschaft zu passen. Ob Auftraggeber und Architekt der Meinung waren, Burg Stolzenfels originalgetreu wiederhergestellt zu haben, oder ob ihnen bewusst war, wie zeitgemäß und modern die an der englischen Neugotik orientierte Gestaltung war, ist schwer zu sagen. Jedenfalls hatte der Kronprinz ausdrücklich die weitestgehende Schonung der Alt-

Berlin, Palais Redern
vor und nach dem
Umbau (Sammlung
Architektonischer
Entwürfe, 1835)

bausubstanz angeordnet, und Johann Claudius von Lassaulx fertigte umfangreiche Bestandsaufnahmen an. Vieles von dem, was uns heute als klassizistisch geprägte Neugotik ins Auge springt, dürfte damals als originalgetreue Gestaltung verstanden worden sein. Die heutige Farbfassung der Burg Stolzenfels jedenfalls verweist deutlich auf die kräftige Farbigkeit, die Schinkel von seinen Italien-Reisen mitgebracht hatte und die er und seine Nachfolger an zahlreichen italianisierenden Bauten verwendeten. Auch bei den Landhausumbauten, die Schinkel in **Charlottenhof** und **Tegel** durchführte, passte er sich geschickt den Gegebenheiten an, um die neuen Entwurfsideen und Raumanordnungen ohne größere Verluste und Probleme mit dem

Baubestand zu verwirklichen. Die Altbauten verschwanden dann allerdings weitgehend unter einem neuen Gewand.

Hier wird besonders deutlich, dass Schinkel zuallererst schaffender Künstler und Architekt war. Er ging stets mit großem Elan an die Lösung entwerferischer Probleme, auch wenn es sich um die kleinsten Aufgaben handelte. Bei der Königlichen Bank in der Jägerstraße in **Berlin** forderte die Polizei die Entfernung der in den Gehweg hinein ragenden barocken Treppenanlage. In einem Gutachten schlug Schinkel 1816 eine Verbesserung der geplanten Veränderungen vor, »wie der ganze Raum vor den Säulen bis zum Rinnstein für den Bürgersteig gewonnen wird, wie man ein Podest vor der Tür erhält, und wie das Vorhaus von allen Einbauten frei bleibt und der Türwächter ein heizbares Zimmer unter und neben der Treppe bekommt [...] so dass die Stuckverzierung der Decke ganz unberührt bleibt und das Vorhaus in keiner Art entstellt wird [...].« Eine Erhaltung der vorhandenen Bausubstanz wurde nicht in Erwägung gezogen. Bei der Umgestaltung des Palais Redern blieb von dem Altbau nicht viel übrig, wie man an der Gegenüberstellung der Vor- und Endzustandes in den »Architektonischen Entwürfen« gut nachvollziehen kann. Mit welcher Begeisterung und auch mit wie viel Gespür für die Möglichkeiten und Besonderheiten des Ortes Schinkel an den Entwurf im historischen Kontext heran ging, kann man an seiner Planung für einen Königspalast auf der Akropolis sehen, einem Höhepunkt klassizistischer Architekturphantasie. Doch auch hier ist fraglich, ob seine Haltung wesentlich von der Sorge um die Erhaltung der antiken Architektur geprägt war. Das Verdienst, gegen den Willen des Militärs die Schleifung der Festung und die Erhaltung der Akropolis als Kunstdenkmal durchgesetzt zu haben, kommt nicht Schinkel zu, sondern seinem großen Konkurrenten Leo von Klenze.

Schinkels Denkmalverständnis

Schinkels Vorstellung, was ein Denkmal sei, hatte viel mit dem national orientierten, romantischen Grundgefühl der Zeit zu tun. Ein Denkmal war für ihn in erster Linie ein Kunstwerk, das er als Künstler beurteilte. Die Bildwirkung des Bauwerkes regte mit seiner Erinnerungsfunktion das Geschichtsbewusstsein an und beförderte die nationale Idee, zugleich bereicherte das Gebäude aber auch durch seine architektonischen Qualitäten ebenso wie durch Fremdartigkeit oder malerische Form die Umgebung in der Gegenwart. Die Denkmale stellten für Schinkel Solitäre dar, Orte der stillen Einkehr, der Beschaulichkeit und des Gedenkens, um die herum das Leben

der Gegenwart stattfand. Es ist kein Zufall, dass er die Bauwerke gerne von einem Park, von Bäumen und Grünflächen umgeben sah und gemeinsam mit Peter Joseph Lenné manchen Vorschlag zur Gestaltung der Umgebung eines Denkmals vorlegte. Wie alle Kunst, so war auch die Architektur für Schinkel eng verbunden mit religiösen und ethischen Werten. Die Denkmale boten für ihn eine Möglichkeit, sich über den Alltag zu erheben. Damit waren sie aber auch für die moralische Bildung des Volkes unersetzlich. Immer wieder rät Schinkel den Baumeistern, sich mit den historischen Gebäuden zu beschäftigen, um sich an der Größe vergangener Leistungen zu schulen.

Aus heutiger Sicht wirkt das damalige Verfahren zur Bestimmung eines Denkmals noch recht willkürlich. Nicht unerheblich scheint oft die persönliche Meinung Schinkels gewesen zu sein, auch wenn die Gutachten in der Oberbaudeputation immer zu mehreren besprochen wurden. Der Wissensstand am Anfang des 19. Jahrhunderts ließ eine differenzierte Betrachtung der Kunststile unterschiedlicher Zeiten und Regionen noch nicht zu. Umso erstaunlicher ist die Bandbreite, mit der Schinkel künstlerische und historische Werte an historischer Architektur wahrnahm. In seinen Gutachten und Begründungen für deren Erhaltung kommen letztlich alle Ansätze für die Beurteilung eines Denkmals vor, die auch heute noch gültig sind, wenn sie bei Schinkel auch teilweise noch unverbunden und unsystematisch nebeneinander stehen. Noch gab es keine Trennung zwischen ästhetischem Wert, Nutzwert, historischem Zeugniswert, kultur- und kunstgeschichtlicher Bedeutung, zwischen Bildwert, Substanz- und Alterswert eines Denkmals. Die umfassende ästhetisch-ethisch geprägte Weltsicht Schinkels jedoch fasste alle diese Aspekte zusammen. Die Erhaltung und Pflege der Kunst- und Baudenkmale war für ihn eine Aufgabe, die direkt zur Verschönerung und Verbesserung des Lebens beitrug.

So lässt sich auch erklären, dass für Schinkel die gestalterischen Aspekte bei einer Sanierung so große Bedeutung gewannen. Der Beschreibung seiner Dienstaufgaben und seinen eigenen Neigungen entsprechend stand für ihn die ästhetische Bewertung der historischen Gebäude wie der geplanten Baumaßnahmen im Vordergrund. Aus dem hohen moralischen Wert der Kunst leitete Schinkel die Pflicht ab, einmal Geschaffenes in seiner künstlerischen Schlüssigkeit wahrzunehmen und zum Wohle und zur Belehrung der Allgemeinheit respektvoll zu erhalten. Wo Schinkel diese künstlerische Einheitlichkeit nicht erkennen konnte, hielt er Veränderungen für möglich oder Maßnahmen zur Verschönerung sogar für geboten. Es ist daher nicht verwunderlich, dass überall dort, wo Schinkel eigene Vorschläge zur Gestaltung machen durfte, der entwerfende Architekt schnell die Oberhand über den Denkmalpfleger gewann.

Schinkel ist sicherlich kein Denkmalpfleger im heutigen Sinne gewesen, dessen Trachten in erster Linie auf die Substanzerhaltung gerichtet ist. In seinen Gutachten erwies er sich aber als ein kompromissloser Bewahrer und seine Methoden waren überraschend modern. Seine Forderung nach genauen Bestandsplänen als Voraussetzung für Baumaßnahmen entspricht der heutigen Praxis. Mit seinen Sammlungen und Listen begründete er die systematische Inventarisation, ohne die eine wissenschaftlich fundierte Feststellung des Denkmalwertes nicht möglich ist. Es ist bemerkenswert, dass er selbst in den Erläuterungen zu seinen Entwürfen und sogar auf den Abbildungen in den »Architektonischen Entwürfen« immer auch den Zustand vor dem Umbau dokumentierte. Der unmittelbare Zugang zur Vergangenheit über die originale Altbausubstanz besaß für Schinkel einen hohen Wert.   SB

Literatur

Günther Grundmann: Die Bedeutung Schinkels für die Deutsche Denkmalpflege. In: Deutsche Kunst und Denkmalpflege 14 (1940/41), S. 122–127.

Norbert Huse: Denkmalpflege, Deutsche Texte aus drei Jahrhunderten. 2. Aufl. München 1996, S. 62–83.

Rita Mohr de Pérez: Die Oberbaudeputation. Eine Etappe auf dem Weg zur staatlichen Denkmalpflege in Brandenburg-Preußen. In: Brandenburgische Denkmalpflege, Jg. 10, 2001, Heft 1, S. 19–25.

Paul Ortwin Rave: Die Anfänge der Denkmalpflege in Preußen. Ein Urkundenbericht aus der Zeit vor hundert Jahren. In: Deutsche Kunst und Denkmalpflege 1935, S. 34–44.

Mario Zadow: Karl Friedrich Schinkel. Berlin 1980, S. 115–126.

Ortsregister

Die Ortsangaben folgen den heutigen Verwaltungsgrenzen auch dann, wenn die Zeitgenossen Schinkels ganz sicher weder Charlottenburg, Spandau und Tegel, erst recht nicht Glienicke und die Pfaueninsel der Residenzstadt zugerechnet haben.

Bildnachweis

Akg-Images   94

Allianz Umwelt-Stiftung, Foto: Günter
   Schneider   55

Max Baur, Potsdam   137o.

Bildarchiv Preußischer Kulturbesitz   9,
   10, 11o., 11u., 12o., 12u., 13o., 13u., 14,
   15, 16o., 16u., 17u., 26, 37u., 44o., 48u.,
   50r., 56o., 56u., 61, 69o., 70o., 70u., 75u.,
   84, 89o.r., 99, 107, 114u., 118o., 118u.,
   128, 142o., 142u., 148o., 151, 152u., 153

Volkmar Billeb, Berlin   92o, 138

Stefan Breitling, Berlin   150o., 150u.,
   152o.

Johannes Cramer, Berlin   37o., 38u., 74,
   76r., 83o., 83u.r., 98, 114o.

Deutscher Kunstverlag, Berlin   85u.

Anke Edwardes, Zürich   39, 79l., 136o.r.

Alfred Englert, Berlin   90

Foto Marburg   27o., 32o., 86o.

v. Gaisberg / Frase   49o., 49u.

Markus Hilbich, Berlin   29, 31o., 42, 45,
   47, 68, 69u., 77, 80, 85o., 89o.l., 97,
   106u., 117, 120o., 121, 129, 131u., 132,
   135, 140

Kahlfeldt Architekten, Berlin   64, 65

Kirchengemeinde St. Paul, Berlin   83u.l.

Prof. Kollhoff Architekten, Berlin   66

Kunstverlag Peda, Passau   120u.

Ulrike Laible, Berlin   111o., 111u., 112

Landesarchiv Berlin   81

Landesdenkmalamt Berlin   27u., 38o.,
   44u., 50l., 75o.l., 75o.r., 76l., 78o., 78u.,
   79r., 82, 89u.

Hans-Dieter Nägelke, Berlin   24o., 41, 59,
   101, 104o., 104u., 105u. 109, 110, 113

Nikolaikirchgemeinde, Potsdam   137u.

Manfred Prasser, Berlin   34

Privatbesitz   18, 136u., 143

Schinkel Lebenswerk Pommern, Abb. 67
   149

Schinkel Lebenswerk Schlesien, Abb. 144
   148u.

Stadtmuseum Köln   147

Stiftung Preußische Schlösser und Gärten
   Berlin-Brandenburg   52, 57o., 57u.,
   86u., 105o., 106o., 124, 125, 127, 133

Technische Universität Berlin, Architek-
   turmuseum in der Universitätsbibliothek   17o., 20, 21o., 21u., 22l., 22r.,
   24u., 25, 31u., 32u., 33, 43, 48o., 51,
   60o., 60u., 63, 71, 72o., 72u., 92u., 93o.,
   102, 103o., 103u., 108, 122, 123, 130,
   131o., 136o.l., 141, 144, 154

Technische Universität Berlin, Fachgebiet
   Baugeschichte   95

Technische Universität Berlin, Fachgebiet
   Kunstgeschichte   35

Literatur

Die Literatur zu Schinkel ist fast unüber-
schaubar. Eine erste Bibliographie gibt das
Schinkel-Schrifttum (bearb. v. P. O. Rave);
in: Schrifttum der Deutschen Kunst
1935, Beiheft, S.1–16

Ausführliche Überblicks-Bibliographien
finden sich in den Ausstellungskatalogen
Karl Friedrich Schinkel 1781 – 1841, Aus-
stellung im Alten Museum. Berlin 1980,
Karl Friedrich Schinkel. Werke und Wir-
kungen. Ausstellung im Martin-Gropius-
Bau Berlin. Berlin 1981,
Michael Snodin, (Hg.): Karl Friedrich
Schinkel. A Universal Man. New Haven/
London 1991

Karl Friedrich Schinkel hat die Publikation
seines Schaffens selbst begonnen:
Sammlung architektonischer Entwürfe,
enthaltend theils Werke, welche ausge-
führt sind, theils Gegenstände, deren
Ausführung beabsichtigt wurde. 28 Fol-
gen, Berlin 1819-40; zweite, erweiterte
Ausgabe Potsdam 1841–1845. Nach-
drucke Chicago 1981 und Nördlingen
2005 (2. Ausgabe von 1841).

Der Versuch einer Gesamtdarstellung von
Schinkels Schaffen findet sich seit 1939 in
dem von Paul Ortwin Rave begründeten,
von Margarete Kühn weitergeführten und
bis heute in loser Folge fortgesetzten
»Lebenswerk«, das bisher in 20 Bänden
vorliegt:
Hans Kania: Potsdam. Staats- und Bürger-
bauten. Berlin 1939
Günther Grundmann: Schlesien. Berlin 1941

Paul Ortwin Rave: Berlin I (Bauten für die
Kunst, Kirchen, Denkmalpflege). Berlin
1941 (Repr. 1981)
Johannes Sievers: Bauten für den Prinzen
Karl von Preußen. Berlin 1942
Paul Ortwin Rave: Berlin II (Stadtbau-
pläne, Straßen, Brücken, Tore, Plätze).
Berlin 1948 (Repr. 1981)
Johannes Sievers: Die Möbel. Berlin 1950
Hans Vogel: Pommern. Berlin 1952
Johannes Sievers: Bauten für die preußi-
schen Prinzen. Berlin 1954
Johannes Sievers: Die Arbeiten von Karl
Friedrich Schinkel für Prinz Wilhelm,
späteren König von Preußen. Berlin 1955
Hans Kania und Hans-Herbert Möller:
Mark Brandenburg. Berlin 1960
Paul Ortwin Rave: Berlin III (Bauten für
Wissenschaft, Verwaltung, Heer, Wohn-
bau und Denkmäler). Berlin 1962
(Repr. 1981)
Eva Brües: Die Rheinlande.
München/Berlin 1968
Ludwig Schreiner: Westfalen.
München/Berlin 1968
Goerd Peschken: Das architektonische
Lehrbuch. München/Berlin 1979
Margarete Kühn (Hg.): Ausland, Bauten
und Entwürfe. München/Berlin 1989
Reinhard Wegner: Die Reise nach Frank-
reich und England im Jahre 1826.
München/Berlin 1990
Ulrike Harten: Karl Friedrich Schinkel.
Die Bühnenentwürfe. Überarb. von
Helmut Börsch-Supan und Gottfried
Riemann. München/Berlin 2000

Eva Börsch-Supan: Die Provinzen Ost-
und Westpreußen und Großherzogtum
Posen. München/Berlin 2003

Georg Friedrich Koch: Die Reisen nach
Italien 1803–1805 und 1824.
Überarbeitet und ergänzt von Helmut
Börsch-Supan und Gottfried Riemann.
München/Berlin 2006

Helmut Börsch-Supan: Bilderfindungen.
München/Berlin 2007

Weitere Bände folgen:

Die Bauten in der Provinz Sachsen.
Bearbeitet von Hans Junecke,
Martina Abri u.a.

Die Bauten in Deutschland außerhalb
Preußens. Bearbeitet von Martina Abri
u.a.

Die Bauten für König Friedrich Wilhelm III.
und Kronprinz Friedrich Wilhelm IV.
Bearbeitet von Eva Börsch-Supan

Das Kunstgewerbe

Zusammenfassende weiterführende
Darstellungen sind:

Barry Bergdoll: Karl Friedrich Schinkel.
Preußens berühmtester Baumeister.
München 1994

Erik Forssman: Karl Friedrich Schinkel.
Bauwerke und Baugedanken. Mün-
chen/Zürich 1981

Andreas Haus: Karl Friedrich Schinkel als
Künstler. Annäherung und Kommentar.
München/Berlin 2001

Klaus Jan Philipp: Karl Friedrich Schinkel.
Späte Projekte. Stuttgart/London 2000

Gottfried Riemann und Christa Heese:
Karl Friedrich Schinkel. Architektur-
zeichnungen. Berlin 1991